矢作弘　阿部大輔　服部圭郎　G. コッテーラ　M. ボルゾーニ

コロナで都市は変わるか

欧米からの報告

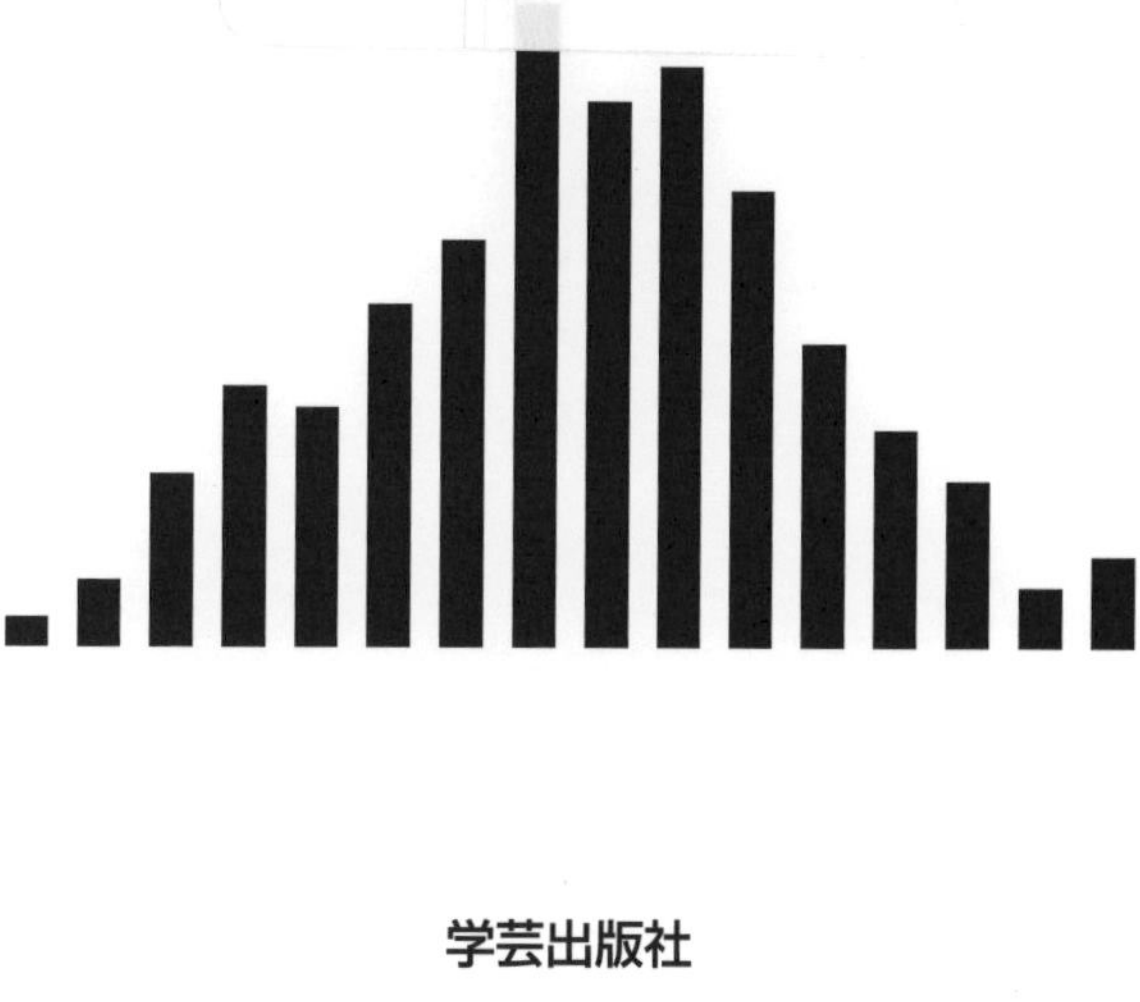

学芸出版社

はじめに

緊急出版することにした。中国・武漢で新型コロナ感染症が発生して10ヶ月余。この間、海外で感染が爆発し、多くの都市がロックダウンに入るなど過酷な経験をしたことを反映し、アメリカやヨーロッパでは、興味深い研究論文や調査報告が矢継ぎ早に発表された。それは疫学や公衆衛生学分野に限らず、都市の「かたち」をめぐっても多様な論点の提起があった（ここで「かたち」は、建築的、可視的な意味に止まらず、人々の働き方／暮らし方を含む都市の総体を指している）。そうした研究、調査動向を、早く、かつ迅速に読み解き、紹介することは、コロナ禍をめぐる都市研究、あるいは都市政策の立案に貢献できるのではないか、と考えた。

執筆の視点　「コロナ禍」を中心に置き、そこを起点に都市をめぐるキーワード（高密度と過密、公共交通と車依存、コンパクトシティとスプロール型郊外、分散と集積／集中＝クラスター、規制と自由裁量など）を並べ、その間の関係を考える、という思考で章立てを考えた。その結果、都市計画、都市社会学、都市経済学、都市地理学、さらに文化人類学やコミュニティ論の――広範囲のジャンルの研究者に貴重な情報を提供する編集になったと思う。日々、現場で感染防止のために奮戦している行政マンにも役に立つニュースを書き加えてある。

調査の方法　現地調査は叶わなかった。執筆に際しては、海外の研究ジャーナル、シンクタンクが発表する調査報告、メディア（新聞、雑誌、電子ジャーナル）、それに海外在住の知人から伝わって来る身辺情報などを収集し、そこからパンデミックで変容する都市の「かたち」を把握することに努めた。そして危機に対して政府が、市民がどのように対峙しているのか、研究者はそうした状況をどのように理解しようとしているのか、それを記述することにした。また、現地調査をできなかったことを補完するために、イタリアの研究者２人に、「ヨーロッパからの報告」をお願いした。

幾つかの知見を得ることができた。日本で感染死亡者が相対的に少ないのは（政策が混乱した日本は、アジアの国・地域の間では成績は悪い）、「民度の高さが反映している」と発言した閣僚がいたが、感染が拡散するスピードや感染死亡率は、①政府がいかに早く、迅速に対応したかが決定的な違いにつながっていたこと、また、②「密度」ではなく、「接触（抱擁や握手、マスクをする習慣など）」が重要なファクターになっていたことなどが明らかになった。「密度」と「接触」の関係では、「平方キロメートル（都市規模）」ではなく、「平方メートル（住宅の広さ／狭さ）」の居住密度が感染率を左右すること——すなわち、経済的、社会的な格差が感染率／感染死亡率の違いになっていることなどを確認することができた。

人間は、辛い記憶を忘れる習性がある。社会もパンデミックが過ぎるとその時の困難を忘却してしまう癖がある。それでも建築的、可視的な都市の「かたち」をめぐっては、そのつど、危機から学び、それを都市計画の資産として継承してきたものがある。今度のコロナ禍では、世界の都市で車線をつぶして歩道やコミュニティ活動の場に用途転換するなどの動きがあった。こうした危機からの学びが、さらに広がることを期待したい。

矢作弘

２０２０年10月　叡山を眺める賀茂川の堤で

目次

1章　アフターコロナの都市の「かたち」論争

コロナ禍をめぐる誤解

コロナ禍から学ぶ都市づくりの教訓をめぐっては、いろいろな問題提起がなされている。感染症が脅かす都市危機は、今後も繰り返される。その時に備えて都市の「かたち」をもっとレジリエント（危機に対して対抗力のある）でサステイナブル（持続可能性のある）な姿にしておかなければならない、という主張である。都市計画をめぐっても、興味深い提案がなされている。半面、読み終えて、「論点がずれているのではないか」と首を傾げる論文や新聞記事も散見する。[注1] 本書を書くことにした動機は、アフターコロナの時代の都市づくりをめぐって論点整理をしておくことに意義を見出したためである。

次のパンデミックを見据えて、東京はもっと緑地を、できれば大規模パークを、あるいはグリーンベルトを整備しておくことが必要になる、という主張がある。この提案は、東京は「高密度」である、その「高密度」がコロナ感染を拡散させることにつながった、という認識に由来している。この論者は、おそらく「都市の「高密度」はただちに感染症に対する脆弱性に結び付く」という考え方をしている。

東京や大阪、名古屋などの大都会に、もっと豊かな「緑」が質、量共に拡充されることが必要である、という考えには大賛成である。しかし、それはパンデミック対策とは別の、もっと普遍的な都市政策課題である。パンデミックがおき、ステイホーム（Stay Home）が求められるようになった時に、気晴らしや健康維持のために近隣に豊かな緑があれば、散歩やジョギングをすることができるのでありがたい、と思う。しかし、感染症に関しては、それ以上のものではない。緑地それ自体が感染の拡大を阻止する防御壁になる、ということはないのである。

今度のコロナ禍をめぐっては、パンデミックをおこしたニューヨークでは、マンハッタンがほかの区に比べて感染率、感染死亡率のいずれも低かった。その理由として「マンハッタンには、広大な緑地のセントラルパークがある。ミッドタウン、ダウンタウンにも、ブライアントパークやワシントンスクエア、あるいは河岸公園が散在し、豊かな緑に恵まれている。そうした緑のおかげである」という議論は聞かなかった。

2章で詳しく論じるが、「都市の密度」と「感染症に対してレジリエンスがあるか」の間には、直接的な因果関係はないのである。OECD（経済協力開発機構）が世界の都市を対象に、コロナパンデミックの分析と対策を論じた緊急レポートを発表したが、そこでも「都市の密度とコロナ感染の広がりの間には、直接的な関係性はない」と明確に述べている。[注2]

「今後、感染症が繰り返されることを考えれば、首都機能の移転について改めて真摯に考える必要がある」という主張もあった。一極集中は過密を生む。首都圏直下型地震の心配がある。したがって「東京から都市機能を首都圏内に分散し、多極分散型の首都圏構造に転換すべきである」「あるいはもっと思い切って首都機能を地方に移転させるべきである」という主張には賛同する。しかし、「緑地」問題と同じように、パンデミック対策として「首都機能の移転」「東京一極集中の解消」を考える、という発想は、朝夕の過密な公共交通と感染の心配を除けば（3章）、直接結び付けて議論するのは的外れである。この論者も、「都市の高密度」は感染症をめぐってパンデミックをおこす、という認識に捉われている。

「コンパクトシティ政策を見直す必要がある」と主張する論者もいた。コンパクトシティ論の基本的なコンセプトは、都市機能をできるかぎり集約して都市を高密度化し、モビリティ（移動）については車に依存することなく、公共交通を積極的に使う、あるいは歩きや自転車を重視する、という都市計画思想である。感染症時代のコンパクトシティ批判には、同じようにその背後には、「都市の高密度」批判がある。それに加えて「公共交通は感染症を拡散させる。危ない」という認識が併存している。しかし、3章で詳しく論じるが、「都市の公共交通がコロナ感染を媒介し、拡散させた」という疫学的な証拠は示されていない。地下鉄やバスがコロナ感染のクラスターになった、という広く認められる実証的な研究は、世界のどの都市からも報告されていない。

コンパクトシティを批判する論者は、パンデミックに強い都市の「かたち」をどのように描くのだろうか。低密度の、土地浪費型の、スプロールした郊外の暮らしを愛でるのだろうか。戸建て住宅が並ぶ住居専用地区に、夫婦のために車2台を購入して引っ越しし、働き方／暮らし方は密度を避けてテレワーキング、テレショッピングを心がける、というライフスタイルだろうか。ソーシャルディスタンスを維持するために、ご近所付き合いをなるべく回避し、外の世界とのつながりはバーチャルな空間に限る、という暮らし向きだろうか。

しかし、我々は、もはや「環境負荷の過大な、移動を車に依存する、スプロール型の郊外の暮らし」に戻るわけにはいかない。20世紀後半以降の世界は、環境に加えて経済的、社会的にも持続可能な都市の「かたち」を希求してきたが、その路線を、感染症対策を理由にして唾棄することがあってはならない。それは、都市計画思想の進歩に対して反旗を掲げる反動主義である。歴史の時計を逆回しさせるような反動主義に対しては、断固として反駁する勇気を持ち、かつ論理的に打破できる情報を集め、果敢に反論しなければならない。

OECDのレポートは、コンパクトシティを以下のように称賛し、アフターコロナの時代にも、「高密度な都市」の実現を追い求めるべきである、という立ち位置を明確にしている。

「コンパクトシティをめぐっては、その利益が称賛されるようになって久しい。すなわち、知識を伝播しやすく、それによって経済成長が促される。高密度な開発パターンは、地域が供給するサービスや仕事へのアクセスを容易にする。また、効率的なインフラ投資につながる

——公共交通システムの整備を有利にし、エネルギー消費と炭酸ガス排出の削減につながる」

そしてパンデミックについては、高密度な都市ほど「高度な医療サービスに恵まれている」「公衆衛生に関する情報が広く、速く流布する」「社会的なサーボートネットワークが拡充している」と指摘し、「低密度な郊外や地方都市、さらには田舎に比べては感染症に対してはるかにレジリエントである」

と結論付けている。

「ウイズ（with）コロナ／アフター（after）コロナ」という言い方がなされている。しかし、「ウイズコロナ」という表現には、違和感というのか、もっと強く異見がある。どこのだれが言いはじめたのだろうか。「ウイズコロナ」という言い方からは、「コロナと共存し」「コロナと付き合いながら」、あるいはワクチンができるまで「コロナと折り合いを付けながら」「コロナを宥《なだ》めながら」というような心情が伝わってくる。新規感染患者の発生がピークを迎えて減少しはじめると規制が緩和されるが、人々が気を緩めるとたちまち反転して患者が増加する、そしてそのプロセスが繰り返される——その結果、先行きの見通しが立たなくなって半ば諦め、半ば妥協の気分が世間に広がる。「ウイズコロナ」という表現には、そうしたコロナ禍に対する負け根性が潜む。

しかし、それは違うのではないか。ウイルスは人間と共存などしてくれないし、人間の気持ちを忖度して折り合いを付けてくれる、というようなこともない。一方的に攻撃してくる。それならば、ここは「アゲインスト（against）コロナ」でなければいけない。人間もウイルスと戦わなければいけない。実際、医療現場も新薬の開発現場も、「アゲインストコロナ」の日々である。そこで本書では、「ウイズコロナ」ではなく、「アゲインストコロナ」を使うことにした。

アフターコロナのスーパースター都市　ニューヨークをめぐる論争

今度のパンデミックが都市の「かたち」をどのように変容させるか、端的には第1波、第2波コロナ禍で大打撃を受けて縮退したスーパースター都市、あるいはメガシティは、アフターコロナの時代にも縮退の罠から抜け出すことができないのだろうか。あるいは改めて成長、発展の軌道に戻るのだろうか。研究者やジャーナリストの間で論争がある。国際問題の専門誌『フォーリンポリシー』（国連人間居住会議：UN＝Habitat がこの記事を転載）が世界の都市問題研究者12人に「アフターコロナの時代に都市の暮らしはどのようになるだろうか」と問い掛け、その回答を掲載していた。[注3] 明確な区分は難しいが、「明日のスーパースター都市」に肯定的な回答が3件、否定的な回答が2件、残りはレジリエントであるためには、「都市はかくあるべし」論であった。[注4]

「明日のニューヨーク」をめぐっても、「都市の死（Death of Cities）」論をかざして「ニューヨークの終焉」を語る悲観論、逆に「ニューヨークはこれまでも幾多の危機を乗り越えてきた」と論じて、「コロナ禍以前よりもパワフルな都市として甦る」という楽観論が相半ばしている。同じメディアも、掲載日を変え、それぞれの主張を繰り返して紹介していた。当面、論争はどちらかに軍配が上がる、ということはなく、アフターコロナの時代まで続く気配である。

悲観論

「ニューヨークの縮退は中長期的に長引く」と考える論者は、三つの論点を上げている。第一に、多くの「逃亡者」が出たことである。パンデミックになった3、4、5月には、40万人以上の、中間所得階層以上がニューヨークの郊外や、隣接州のニュージャージー、コネチカットへ逃避した。逃避先には、富裕層が暮らすコミュニティが広がっている。当座、そこでパンデミックを凌ぎ、その後も界隈に定住するか、中西部やサンベルト都市に移住するか、それはこれから考えるが、「いずれにしてもニューヨークには戻らない」という人々がいる。[注5] 21世紀版の『デカメロン』（G・ボッカチョ著）が、ニューヨークにとっては甦りを許さない打撃になる、という考え方である。

次にテレワーキングの普及が不動産市況を悪化させ、小売業や外食産業の再生の足を引っ張り、ニューヨークの復活を妨げて悪循環をおこす、という説である。[注6] この悲観論を掲載したニューヨークタイムズは、(1)フェイスブックやグーグル、ツイッターなどのIT系のジャンボ企業がテレワーキングに熱心なこと、(2)マンハッタンにあるオフィスビルの借り上げでは、業界トップ3に属する金融資本（バークレイズ、J・P・モルガン・チェース、モルガン・スタンレー）がいずれも在宅勤務を念頭に置き、オフィスの縮小を検討していること――を指摘している。そうした考えの背後には、「テレワーキングで業務ができるなら、高いオフィス賃料を払い続ける意味がない」という思いがある。したがって「ニューヨーク、とくにマンハッタンの不動産市況は継続して軟化する」と解説している。

ニューヨーク経済の両輪になっているIT系企業とファイナンスで働くビジネスエリートが市内に通勤して来なくなれば、カフェやレストラン、小売店が顧客を失い、閉店に追い込まれる。外食やショッピングのアーバンアメニティ（魅力的な都会性）が失われれば、「ビジネスエリートはニューヨークに来る理由がますますなくなる」という。

パンデミック時のニューヨークタイムズは、「ホテルの50％は閉店している。従業員10人以下の小売店18万6千店が店仕舞いしている。ブロードウェイ（観劇街）や美術館も閉業し、旅行者がまったくいない。数年はコロナ禍以前の状態には戻れない」と報じていた。[注7]

以上の結果、「ニューヨークの市財政は税収不足に追い込まれ、行政サービスの悪化が避けられない」というのが第3の論点である。[注8] ニューヨークからの脱出が報じられていたころには、発砲事件が増え、市内の治安が悪化している、というニュースもあった。市財政が苦しくなれば、ゴミ収集や街の清掃などにも差し障りがでるという。

楽観論

「コロナ禍の影響を受けてスーパースター都市がこのまま縮退し、地盤沈下が継続する、というようなことはおきない」という主張に共通するのは、歴史的にパンデミックに襲われた都市は、決して「死」を迎えることなどなかったし、間違いなく甦り、しばしばパンデミック以前に比べて強固な「かたち」に再生した――という「都市史に学べば」という立論からスタートしている。14世紀に黒死病が蔓延してミラノやフィレンツェなどの北イタリア都市は、⅓以上の人口を失ったと言われる。しかし、その後、ルネサンスの時代を迎え、都市も復興した。19世紀のペストの流行も、都市インフラの整備、住宅の改善、さらには近代都市計画／モダニズム建築の隆盛につながり、ヨーロッパではアーツ・アンド・クラフツ運動がおきた。スペイン風邪（当時の新型インフルエンザ）の時のアメリカでは、流行の収束後、「狂乱の時代」と呼ばれた消費文化が乱舞し、路面電車が延伸されて郊外居住／ニュータウン開発が行われ、公園やグリーンベルトが造られた。

パンデミックに限らず、ニューヨークの場合は、最近でも「9・11」のテロル、ハリケーン「サンディ」の大洪水、そして経済危機のリーマンショックなど、相次ぐ都市危機を克服してきた。[注9] それゆえ、スーパースター都市ニューヨークは、コロナ禍が引きおこした今度の危機も乗り越えて甦る、という論述である。

なぜ、都市はパンデミックから立ち直ることができるのか。[注10] 楽観論は、「都市にはイノベーションを呼びおこす構造が内在している」と説く。人間のつながりを餌食にして拡散するパンデミックは、本質的に反都市主義だが、逆に人間には類を求める本性がある。そのため、「常々、都市には優れた人々が集住し、ナレッジクラスター（知識の集積）を形成する」「それが復活、そして成長のバネになる」という。この都市再生の公式は、昨今の、新しい産業の時代（テレコミュニケーション、ライフサイエンス、ニューエンジニアリング）にもそのまま当てはまるし、マスプロダクション以上にこれらの産業では、それぞれの現場での対面コミュニケーションが重要になっている、と指摘する。

「ニューヨークからの逃亡者がいる」「在宅勤務が広がってマンハッタンはガラガラになる」という危機説に対しては、マンハッタンのウエストサイドで、超高層住宅6棟の建設が続いているし、「クラシックシックス（classic six）」と呼ばれる豪華集合住宅（戦前に建てられた6部屋住宅）を売り払って逃亡した金持ちの話も聞かない。そもそもニューヨークの持ち家比率は33％を超えており、「一時逃避しても、きっと戻ってくる」。楽観主義者は、そう考えている。

楽観論者の中には、「コロナ禍以前とは違った都市の「かたち」に甦る」と考えている研究者もいる。「テレワーキングがさらに普及する」「「公共交通は危ない」というトラウマは簡単には消えない」——という二つの仮説を前提に、アフターコロナ時代の都市を語っている。[注11]すなわち、過去3、4年の間に、スーパースター都市では家賃／店賃が激しく高騰し、それを負担できなくなった店子が抜けて空きフロア／空き店舗が急増しているが[注12]（high-rent-blight＝高い家賃が引きおこす荒廃）、コロナ禍、そしてテレワーキングは、この空きビル化（企業がオフィスを縮小する）に追い討ちをかける、という。その結果、会社にデスクや会議室を失った従業員は、オフィス替わりにホテルやカフェを梯子して仕事場として使い、そこで打ち合わせや会議をするようになる。そのため既存のレストランやカフェが閉店しても、新しい店が開業してふるい店を代替するようになる、と読む。すなわち、「事務所の死（Death of Office）」は進むが[注13]、「都市には、フレキシビリティがある。適応力と革新力がある」ので、ダウンタウン／ミッドタウンがビッグ・ビジネス・センターである状況には変化はおきない、と説く。また、在宅勤務が普及すれば近隣住区で都市的な新しい集積がおきる、と主張している。

私見（矢作）

都市は甦る、と筆者は考えている。都市史に学べば――メガシティ、すなわち世界のスーパースター都市ではコロナ禍が深刻だったが――「それでも甦る」と考える。ただし、1秒間に20メガバイトもの情報を処理できるITの登場は、バーチャルな世界が都市の「かたち」に大きく影響するようになったことを意味し、「都市が危機から甦るか」を読む際に、眼前の都市環境がこれまでの史的経験とは違っていることは確かである。端的には、テレワーキングと明日の都市の「かたち」についてだが、これについては先行き不透明な条件が多く、識者の意見が割れている。ただ、筆者は、革新的なITの進歩を前提しても、リモートワーキングの普及は限定的である、と考えている（4章）。

都市の「かたち」は、都市政府の政策展開とマーケット（市場）の力が交差する座標軸上に決まる。ただし、今度のパンデミックの場合、都市財政がこっぴどく叩かれたことを考えると、有効な都市政策の展開には限りがある、と考えている。したがってここでは、マーケットに注目する。21世紀を迎えてジェントリフィケーション（地区の「改善」）が凄まじい勢いでスーパースター都市の「かたち」を変容させてきたが、[注14]「なぜ、あるいはだれがジェントリフィケーションをおこすのか」をめぐる理論は、今度の、コロナ禍からの都市再生のプロセスを解き明かすためにも有効である。

マルクス主義都市地理学の説く「差額家賃論」である。都市が衰退しはじめると、資本は新規投資を止める。むしろ建築環境からの資本の引き揚げをはじめる（修復投資をせずに、荒れるに任せるようになる）。そうなると界隈の家賃が下がる。ほかの地区との間で家賃格差が顕在化する。さらに格差が拡大すると、やがて資本は、安い家賃に投資機会を見つけて新規／修復投資に奔走するようになる。そしてジェントリフィケーションにつながる。そういう都市「再生」論である。

スーパースター都市では、コロナ禍以前に、「高い家賃が引きおこす空洞化（high-rent-blight）」が進行し、人口減少、家賃／店賃の下落がはじまっていた。コロナ禍は、その流れを加速する。[注15] しかし、差額家賃論に学べば、家賃／店賃がある水準以下になれば、郊外に逃避していた中間所得階層以上が、あるいは都会暮らしに魅力を感じているミレニアム世代がスーパースター都市のアパート／コンドミニアム暮らしに戻ってくる。IT企業もファイナンス企業も、賃料が下落すれば、オフィス投資に改めて関心を示すようになる。閉店していた店やカフェでも、新規開店投資がはじまり、街に賑わいが戻る。

もう一つのジェントリフィケーションをめぐる説明は、ニューエコノミクスの説く「消費者選好説」である。郊外の暮らしでは車が必要だが、都会では歩いて暮らせる。通勤も徒歩か、自転車で間に合う。便利で経済的である。ダウンタウンには、しゃれたカフェや星付きレストランがある。美術館や劇場、ジムにも歩いて行ける。すなわち、アーバンアメニティに恵まれている。中間所得階層の消費ニーズを満たす魅力が、都市にはいっぱいある。そうした魅力にＤＩＮＫＳ（子育ての終わった共稼ぎ世帯）やクリエイティブクラスが引き付けられて集住し、ジェントリファイヤーになる。スーパースター都市の持つアーバンアメニティは、コロナ禍である程度は劣化する。しかし、歴史的な積み重ねは厚い（歴史的遺産）。それが、これまで単一用途主義でやってきた、都会性を欠落させた郊外都市にただちに凌駕される、というような状況は考えられない。それに、都市は新陳代謝を繰り返す。空洞化したアーバンアメニティの後には、新たな、そして革新的な様式のアメニティが戻る。

都市政府が財政悪化に直面し、治安対策や街の清掃などで手抜きがはじまることが心配されている。しかし、それも脱工業化の煽りを受けて財政危機に見舞われ、荒廃した１９７０年代とは状況が違う。21世紀の、都市型の新産業（情報通信、ハイテク、バイオサイエンスなど）には、その活力に陰りが見られない。街の治安や清掃については、ＢＩＤ[注16]（Business Improvement District：ビジネス改善地区）が広く普及しており、これも１９７０年代とは違っている。したがって都市政府の脆弱化は、ただちに都市環境の悪化、都市マネジメントの劣化にはつながらない。

以上の都市「再生」をめぐる2説を踏まえながら、「集い」「語らう」ことを楽しむ、そこで新たなアイデアを育むことを本性とする人間を念頭に置き、さらに都市のイノベーションが対面コミュニケーションを重視する知識階層のクラスターを通じて実現することを考え合わせれば、メガシティ、すなわちスーパースター都市は、コロナ禍から甦る、と考えるのが妥当である。

ニューヨークタイムズの社説

日々、感染者／感染死亡者が急増し、高密度な空間、それに地下鉄が感染を拡大していると叩かれ、マンハッタン／ブルックリンの裕福層が郊外に逃げ出していた時期に、ニューヨークタイムズが論説委員会の名前で長文（およそ4千語、日本語換算で約1万2千字）の社説を掲載した。表題は「我々が求める都市」、副題は「アメリカの都市は成長と機会のエンジンだった」「この危機に直面し、いかにして都市を救えるか」だった。[注17]そこで綴られた内容を要約して紹介する。

都市は経済成長のエンジンである。富と文化のショウケースである。そして人々の願望、称賛の対象であり、魅力に満ちている。20世紀前半のボストンでは、優れた公立学校が傑出した多くの人材を輩出した。ノーベル経済学賞を受賞したP・ローマーは、人々が情報と創造性のプロセスを共有して高密度に集積することこそ、都市の強さである」と述べている。

都市は人間を解放し、都市の密度と多様性は知識の集積、アイデアの交換を促進する。

しかし、パンデミックに襲われる前に、アメリカの都市はインフラの荒廃、そして社会の分断に悩まされてきた。ギラギラの超高層ビル、その隣にみすぼらしい住宅。都市は膨大な富を創造するが、その分配はきわめて不平等である。シカゴでは、金持ちと貧乏人では平均寿命に30歳の格差がある。乳児は生まれる場所を選べないのに……。

今度のパンデミックがこうした状況をさらに悪化させる心配がある。都市から逃げ出す裕福層がいる。都市暮らしのリスクや恐怖が過大に強調され、都市の魅力に陰りが生まれている。貧困や犯罪、人種に対する偏見が広がる一方、州知事（A・クオモ）でさえ、「ニューヨークの高密度が感染を拡散させている」と非難するありさまである。

エッセンシャルワーカーは在宅勤務などできない。高率で感染し、亡くなっている。一方、金持ちの暮らしは自立などしておらず、エッセンシャルワーカーたちの労働に支えられている（ノーベル賞経済学者のJ・スティグリッツ）。エッセンシャルワーカーの暮らしと安全を守らなければならない。大切なことは、不平等の解消である。分断主義の、単一ゾーニング（戸建て住居専用地区など）主義の都市計画を唾棄し、豊かな近隣住区にアフォーダブルな住宅を建設し、公立学校に投資して社会の分断に抗することである。不動産税で公立学校を運営する制度を破棄し、平等に運営費を賄える制度に移管しなければならない。
プラトンは「いかなる都市も2分され、金持ちと貧者がいる」と述べていた。しかし、金持ちは労働力を必要とし、貧者は資本を求める。お互いに依存する関係にある。分断を緩和することは、富裕層に犠牲を求めることではなく、共有を求めることである。それによってアメリカ人全体がもっと豊かになれる。アメリカ都市は、そうした都市モデルを世界に提示しなければならない。

メディアがスーパースター都市の郵便番号（ZIP Code）地区を記載した地図を示し、感染率／感染死亡率に顕著な違いがあることを報道していたが、今度のコロナ禍は、アメリカ社会の分断と不平等を包み隠すところなく浮き彫りにした。そして人種間の、職種間の命の危険、経済格差、失業率の違いを赤裸々に報じていた。[注18] 個人経営の小さなビジネスに失敗し、あるいは会社から解雇され、家賃を払えなくなるとたちまちアパートから追い出される。そうした家族は住処を失って親元や親類縁者、友人宅を渡り歩くか、あるいはシェルターに転がり込むか、最悪の場合は路上暮らしのホームレスに転落するか――そのいずれの場合も、コロナに感染したり、感染をばらまいたりしている、という研究がある。[注19]

アフターコロナの都市課題

前述したジェントリフィケーションを説明する差額家賃論に沿って考えれば、打撃が大きく、したがって家賃／店賃の下落が激しいほど、逆に蓄積され、リバウンドするエネルギーは莫大になる。スーパースター都市では、短期間に、しかも一気に富裕層が舞い戻り、巨額の都市再開発投資がはじまる可能性がある。それは、パンデミック前に深刻化していたジェントリフィケーションの副作用（格差と不平等の拡大、排除と分断の深化）を増幅することにつながりかねない。

- ニューヨークタイムズの社説は、そうした副作用をいかに抑え込むか、違いに対して包摂的で寛容な、そして社会的、経済的にもっと持続可能な都市の「かたち」を構築するために、いま「我々が真摯に取り組まなければいけない政策」について語っていた。
- 人間は困難に直面すると利己的になりがちだが、社会にもそのきらいがある。ヘイトクライムや暴力が広がる。時に、政府もその流れに便乗する。「アメリカ第一主義」を掲げるD・トランプは、パンデミックのマネジメントに失敗してそれまで以上に排外主義／反移民主義に流れ、グリーンカードを含めてビジネスビザの新規発給停止を決めた。スペイン風邪の時のアメリカも、南ヨーロッパ、東ヨーロッパからの移民を制限し、アジアなどからの移民を禁止した。この措置は戦後のL・ジョンソン政権が撤廃するまで続き、アメリカ経済のイノベーションを遅滞させた、と非難されている。

● 人間は忘却する種属である。とくに嫌な記憶については忘れっぽい。都市学のR・フロリダは、「パンデミックをめぐって一番の心配事は、我々がこの危機をたちまち忘れてしまうのではないか、という恐れである」と述べている。[注20] スペイン風邪の場合、第2波の被災が大きかったのは、第1次世界大戦の戦勝国では人々が戦勝気分に浮かれ、それまでの規制や自制に緩みが出たためだった、と伝えられている。その後、スペイン風邪は、「忘れられたパンデミック」と呼ばれるようになり、「E・ヘミングウエイ、W・フォークナー、F・スコット・フィッツジェラルドなどの偉大な作家たちも、世界大戦と経済恐慌についてはペンを取ったが、スペイン風邪についてはほとんどなにも書いていない」とフロリダは指摘している。そしてフロリダは、今度はそうした過去を反省し、「このパンデミックが包摂的な、レジリエントな社会を構築する機会になることを熱望している」と書きつないでいる。

パンデミックをめぐる人間の記憶は薄れる癖があるが、幸いなことに都市は、それを物理的、可視的な記憶として残してきた。[注21] ペスト、天然痘、コレラ、結核、チフス、スペイン風邪の流行は、そのつど、都市技術（都市計画、都市建設・建築）に革新をおこし、都市危機に対してレジリエントな「かたち」を創り出してきた（10章）。疫病に対する隔離施設が考え出され、木造建物は煉瓦造りになり、その後、産業革命をへて建設資材はもっと無機質なガラスと鉄骨になった。道路が拡張され、住宅も通風と採光に配慮して建てられるようになった。公園が整備され、都市に緑が増え、下水道が完備された。

今度のコロナ禍では、公共空間のあり方が問われた。とくに道路利用をめぐって多くの挑戦が行われた。15分コミュニティ運動は、そのよい例になっている（6章）。アベニューの車線を減らして自転車道やプロムナードに転換したり、広げた歩道を通行のためだけではなく、そこで飲食をする、ストリートミュージシャンやパフォーマンスアーティストが実演する、あるいはコミュニティのイベントに活用したりする——などの試みが行われるようになった。さらに転用が進めば、「道路」はこれまでの道路とは別のものになる。通行は「道路」の副次的な機能になる。世界の30ヵ国以上、250以上の都市がこうした取り組みをした、と伝えられている。[注22] しかし、その多くはヨーロッパと北アメリカの都市に限られており、日本を含めてアジアの都市からは、そうしたニュースを聞く機会は乏しかった。公共空間に対する認識の違いが影響している。

2章　「高密度」はパンデミックの温床か——コロナ禍をめぐる密度論争

高密度都市批判　スプロール喝采

新型コロナウイルス感染症の伝播をめぐっては、都市が「高密度」であることが感染を広げる温床になった、という議論が広く行われた。そうした高密度都市批判論者は、高密度な都市では、「人々は混み合う地下鉄やバスに乗る。テーブルと椅子がぎっしり詰まったカフェでコーヒーを飲みながらおしゃべりをする。オフィスも、店も、住宅も狭隘である。ウイルスが伝播するのに都合のよい環境が揃っている」と指摘する。そして「大都会は感染症に脆弱である」とアーバニズムを批判する。アメリカの都市評論家J・コトキンは、郊外派のチャンピオンである。常々、スプロールする山岳地域都市やサンベルト都市の支援者である。創造階級／創造階級論の旗手でアーバニストのR・フロリダは、都市論をめぐってコトキンの好敵手で、二人の間でしばしば興味深い論争がある。そのコトキンが、今度のコロナパンデミックでは、ロサンゼルス型の都市の「かたち」がニューヨーク型に比べてコロナ禍に圧倒的にレジリエントであることを示した、と論じていた。[注1]

ほぼ100年間、ロサンゼルス型の都市の「かたち」は、単極集中型都市構造を歓迎するアーバニストに不評だった。しかし、今度のコロナ禍では、ロサンゼルスのような多極分散型都市構造に軍配が上がった（2020年4月24日時点でコロナ感染症死者：ニューヨーク市1万6千646人、ロサンゼルス郡850人）。なぜか（ニューヨーク市人口840万人、ロサンゼルス郡人口980万人）。都市空間が多極分散型にスプロールして、その間を高速道路網が縦横に走っている。もっぱら車で移動する都市構造では、地下鉄などの公共交通機関に依存するニューヨーク型に比べ、ウイルス汚染に晒される密度が圧倒的に薄いためである。

感染症の時代には、公共交通を利用しながら高密度に暮らす都市の「かたち」は、戸建て住宅が連棟し、スプロール開発された住宅地域に低密度に暮らす都市の「かたち」には敵わない。そのことが明らかになった。そしてテレワーキングのさらなる普及は、低密度に暮らし／働く都市の「かたち」を実現するのに格好のソフトインフラになる。

太平洋を横断してきたジェット機は、ロサンゼルスが近づくと海岸線から左旋回し、さらに右旋回して高度を下げ、空港の滑走路に向かう。眼下にダウンタウンの超高層ビル群、そこから遠く離れて幾箇所か、高層ビルが散在する風景を眺めることができる。センチュリーシティやバーバンクなどのエッジシティである。それ以外は、海岸から山裾まで戸建て住宅がびっしり埋め尽くしている。米粒ほどの車が高速道路を、列をなして走る。渋滞し、動かないところもある。晴れた日でも、ダウンタウン界隈の上空は薄《うっす》ら褐色である。排気ガスである。コトキンは、このスプロールし、環境負荷の大きな、20世紀型モダニズムの都市の「かたち」が、コロナ禍のパンデミックをきっかけに、「優雅な密度（elegant density）」の都市構造として再評価されるようになる、と主張しているのである。

21世紀を迎えたころからバイオテクノロジー、情報通信技術が進歩し、それらの関連産業の集積した都市が、スーパースター都市として圧倒的な都市力を発揮するようになった。カリフォルニアでは、サンフランシスコとその湾岸、そしてロサンゼルスがスーパースター都市の地位を得た。ＧＡＦＡが高額の投資を重ねて高層オフィスビルを開発し、そこに勤める高給取りのハイテクエリートが高級住宅を購入し、あるいは高額家賃のアパートに暮らすようになった。その結果、アフォーダブル住宅が不足し、都市暮らしのインフラを支える教師、消防士、看護士などの中間所得階層は、通勤するのに車で片道1時間半以上かかる、遠く離れた郊外にしか暮らせない——という深刻な住宅危機に直面するようになった。

そこで州政府は「住宅危機宣言」を発し、２０２５年までに公共交通機関駅に近接して集合住宅団地を開発し、アフォーダブル住宅を大量供給する計画を発表した。これに対してアパート建設に反対する戸建て主義運動のＮＰＯ（たとえばLivable California）などは、州政府の「住宅危機宣言」に冷ややかな反応を示していた。そしてコロナ禍を「好機」と捉え、「集合住宅はコ

ミュニティの高密度化をおこす。感染症が伝播しやすくなる」と強固に反対するようになった。[注2]

都市の高密度化に反対するのは、保守派の論客に多い。ミネアポリス―セントポール都市圏にあるシンクタンク（The Center of the American Experiment：CAE）のフェロー、K・ケールステンは、都市の高密度化に真っ向から反対している。[注3] CAEは1990年に設立され、州共和党の重鎮がCEO（最高経営責任者）を務めている。マイノリティ優遇策（affirmative action）に反対し、チャータースクールなど学校選択の自由を促進する政策（school vouchers）に熱心である。

都市長期計画（Thrive MSP 2040）を掲げる都市圏会議（Met Council）は、高密度化に必死だが、それは感染症に脆弱な都市づくりになる。ニューアーバニズムの思想（Transit-Oriented-Development）の影響を受け、住宅、職場、買い物、娯楽を狭くて高密度な空間（徒歩15分の範囲で歩いて暮らせるコミュニティ開発）に押し込めようとしている。集合アパートや自転車道、LRT（軽量軌道鉄道）の整備に熱心で「我々からマイカーを奪い取る計画である」。

市議会はゾーニング条例を改悪して戸建て専用地区を廃止し、[注4] 都市圏会議は鮨詰め乗車になるLRT（グリーンライン／ブルーライン）の延伸を考えているが、いずれも市民の意向に反している。また、コロナ禍を考えれば、いずれも的外れな政策である。ＬＲＴは、すでに運賃を安く抑えるために補助金漬になっている。

コロナ禍が爆発する最中、白人警察官が無抵抗の黒人の首を絞め、圧殺する事件がおきた。そして人種差別に反対する「黒人の命は大切だ（Black Lives Matter）」のデモ行進[注5]、あるいはアメリカ各地での都市騒乱につながった。その事件がおきたのがミネアポリスである。ミネアポリス－セントポール都市圏会議は、都市圏レベルで税の再配分[注6]（tax-sharing）など広域ガバナンスで斬新な取り組みをしている。ＬＲＴの延伸、拡充も、都市圏の一体化を進める広域ガバナンスの主要政策になっている。実際、郊外駅の周辺では、集合住宅や商業機能、公共施設を取り込む「高密度な」複合ビル開発が行われている。革新的な都市づくりで知られている。また、ミネアポリスのダウンタウンでは、超高層ビルの間を回廊（ニコレットモール）が結び、寒い冬でも風雪を避けてダウンタウン巡りをできる。回廊には、ショッピング街、飲食街、図書館などの文化施設があり、「歩いて暮らせる」ダウンタウン開発の先駆的な事例になってきた。

20世紀後半以降、歩いて暮らせる（walkable）／公共交通を利用しやすい（transit-oriented）／コンパクトな（high density）都市開発とコミュニティづくり、そして多機能を取り込む複合機能ビルの建設が、都市計画、建築学では、称賛される都市思潮としてすっかり定着してきたはずである。ところが、今度の新型コロナのパンデミックは、そうした基本的な都市計画思想をひっくり返す流れをつくっている。

ニューヨークはコロナ禍の第1波では、国内でも最も激しい打撃を受け、メディアも、州知事も、「高密度」叩きに忙しかった。ニューヨークタイムズは、「コロナの戦いで高密度がニューヨークの大きな「敵」になっている」という見出しの記事を掲載し[注7]、「コロナが伝播する状況では、都市の高密度が敵である」（S・グッドマン＝スタンフォード大学の感染症研究者）、「ニューヨーク市内はどこもかしこも高密度。公園でも食料品・雑貨店でも、日常の暮らしで人々は頻繁に接触し、感染する。高密度都市に問題がある」「人口密度を引き下げる都市計画を急がなければならない」（A・クオモ州知事）——など、「高密度」を糾弾する談話を紹介していた。

高密度はパンデミックの温床か

「高密度都市はパンデミックに対して脆弱である」「高密度は感染症対策の障害になる」といった高密度批判に対し、第1波が大きなうねりを示し始めたころから、「感染症の伝播と都市の密度を直接結び付けて高密度都市批判をするのは、短絡な議論である」という反批判が多方面から行われるようになった。そこでは、幾つかのデータが示され、都市の密度とコロナ感染率、あるいは感染死亡率の間には、必ずしもポジティブな関係が見られない、という証拠が示された。

①サンフランシスコでは、4月末までに30人弱のコロナ感染死亡が報告されていた。半面、密度の薄い郊外都市を含むサンフランシスコ湾地域では、その数は350人前後に達していた。都市圏比較で10万人当たりの死亡率は、サンフランシスコでは4人に過ぎなかった。ところが都市空間がスプロールし、遥かに低密度なロサンゼルスでは、サンフランシスコの4倍の感染死亡率になっていた（New York Times, May 13, 2020）。

②前項①の数日前のデータでは、アメリカで最も高密度で公共交通機関の利用率が高いニューヨークでは、約1万8千人の感染死亡、10万人当たり209人の死亡率だった。しかし、ニューヨークに次いで高密度都市で、公共交通機関も頻繁に使われているサンフランシスコでは、23人の感染死亡、死亡率は2・6人に止まっていた（Planetizen, April 30, 2020）。

③マンハッタンは、同じ市内のブロンクスやスタテン島に比べてはるかに高密度だが、感染率、入院率、死亡率のいずれでも2区以下だった。世界銀行が中国について調べた報告では、人口密度と感染率の間には、相関関係が見られなかった。しばしばより高い人口密度の都市ほど感染率は逆に低く、また、大都市圏の間でも感染率に大きな違いがあり、その違いは、同じ都市圏内のスプロールした低密度の郊外と高密度の中心都市の間の感染率ギャップよりも大きかっ

た（W. Imbrie-Moore, Stop blame urban density for coronavirus, Harvard Political Review, May 18, 2020）。

④ニューヨーク市内でも、クイーンズのエルムハースト／コロナ地区は、マンハッタンのアッパーイーストサイドに比べて人口密度は1/5だが、感染率はその4倍に達していた。ブルックリンは、ニューヨークから60キロ離れた外郊外にあるロックランドの20倍の人口密度だが、ロックランドの感染率は、ブルックリンの2倍あった（Density & COVID-19, Citizen Housing Planning Council, New York City）。

「高密度は、必ずしも高い感染率につながらない」という話題は、アメリカに限らない。ヨーロッパでは、イタリアが第1波に襲われ、一部の地域で医療崩壊になったが、酷かったのはイタリア北部の、都市化して人口／産業の集積密度の高いロンバルディア、ベネト地方だった。しかし、スプロールしたその郊外でも感染が広がった。そこでは、イタリア第3位の人口を抱え、高密度都市のナポリに比べてはるかに深刻な感染状況だった。中国でも上海、広州などはロックダウン（都市封鎖）しなかったし、アジアでも高密度の台北、シンガポール（その後、移民街区で集団感染がおきた）、ソウル、ハノイ、バンコク、それに東京や大阪などの高密度都市がコロナとの戦いで善戦した。半面、マニラは、この戦いで苦戦した。

高密度であることは、ウイルスに感染する率が高いし、感染すれば発症につながり、感染死亡

図1　ニューヨークとサンフランシスコの初動対応

	3/12	3/15	3/16	3/18	3/20	3/22
サンフランシスコ市	・学校閉鎖（18人感染確認）		・湾岸6郡が在宅指示（17日午前零時実施）			
カリフォルニア州				・州知事が在宅指令（即刻実施） ビジネス閉鎖指令		
ニューヨーク市		・学校・外食店閉鎖 （329人感染確認）				
ニューヨーク州					・州知事が在宅指令 （22日午後5時実施）	

出典：Planetizen April 30, 2020から作成した

の増加にいたる——という思考回路、それ自体は理論的に正しい。しかし、その間にいろいろな条件が影響し、結局、高密度であるほどより高い感染率／高い感染死亡率になる、という等式が必ずしも、一直線には成立しないのである。

たとえば、中央政府が、あるいは都市政府が、早く政策を打ち出し、迅速に行動し、そして市民がすみやかに行動することが、感染率／死亡率の違いに大きく影響する。[注8] スペイン風邪の時に、迅速、果敢に動いたセントルイス、それに対して初動で遅れたフィラデルフィア——その間で被災に格段の違いが出た事例はよく知られ、感染学史の教科書に記録されている。今度のコロナパンデミックをめぐっても、同様のことが指摘されている。

図1は、ニューヨークとサンフランシスコの初動対応を時系列的に示している。

感染状況がニューヨーク州、ニューヨーク市のいずれも悪かったにもかかわらず、ニューヨーク市の行動は、サン

フランシスコに3日遅れ、ニューヨーク州は、在宅指令を出すまでにカリフォルニアに比べて5日遅れた。この初動の違いが、サンフランシスコとニューヨークのその後の感染率、感染死亡率に大きな差をつくった、と指摘されている。記事（Planetizen）は、「ニューヨーク知事は在宅指令を発しながらも、即刻実施せず、丸2日余の猶予期間を持ったことにはおおいに疑問がある」と苦言を呈していた（ニューヨーク都市圏での感染1号報告は3月1日）。

アメリカのパンデミックでは、今度の場合、東海岸都市、中西部のシカゴ、デトロイト、西海岸のシアトルなどが第1波でエピセンターになった。その間、サンベルトにある州政府や都市政府は、ビジネスや人々の活動を規制することに消極的だった。公共の場でマスクをすることを義務化することをめぐっても激しい論争があり、「あなたの判断にお任せ」という州や都市が多かった。

サンベルトは共和党の地盤である。共和党系の知事や市長が多く、「規制には反対」「何事も自己責任」の自由放任主義の風潮がある。そのため感染対策は緩く、夏場に向かってアリゾナ、テキサス、フロリダ、ジョージアなどのサンベルト都市に感染が急拡散し（民主党支持の「ブルー州」から共和党地盤の「レッド州」への感染拡大、と言われた）、病床が不足するなど医療崩壊にいたるほど状況が悪化する都市が続出した。サンベルトは、人口も産業集積も希薄である。東海岸都市に比べてサンベルト都市は、圧倒的にスプロールし、人口密度も低い。それにもかかわ

らず、低密度が感染拡大を和らげる防壁になることはなかったのである。[注9]

ギャラップの調査によると、都市（高密度）に暮らす市民のほうが、郊外、あるいは外郊外の人々に比べてソーシャルディスタンスの実践に積極的である、という。[注10] 相互依存（コロナ禍では、「他人を感染から守ることが自分を守ることにつながる」という価値意識）の認識――他者への共感や人々の連帯が課題を解決すると考える――を基礎に据えるアーバニズムに対し、保守的、共和党的な郊外気質は、自己責任論――自己中心的である。それが個々人の感染対策に影響した。

社会経済的条件が感染を左右する

感染の拡大をめぐっては、「密度よりは社会経済的条件がはるかに重要な影響を及ぼすし、感染率、感染死亡率に大きな格差をつくる」と指摘されている。[注11] 貧富の格差が激しいアメリカのような社会では、とりわけ説得的な議論である。ニューヨークを調べると、その事実が浮き彫りになる。ニューヨークの保健当局（市健康衛生監視局）が、日々、郵便番号地区別に感染者、感染死亡者を調べていた。郵便番号地区別に、世帯所得や人種構成などのデータを取ることもできた。それらのデータをクロス分析すると、コロナ禍と社会経済的条件の関係を定量的に把握することができる。その定量分析した結果を、ビジュアル化したのが図2である。[注12]

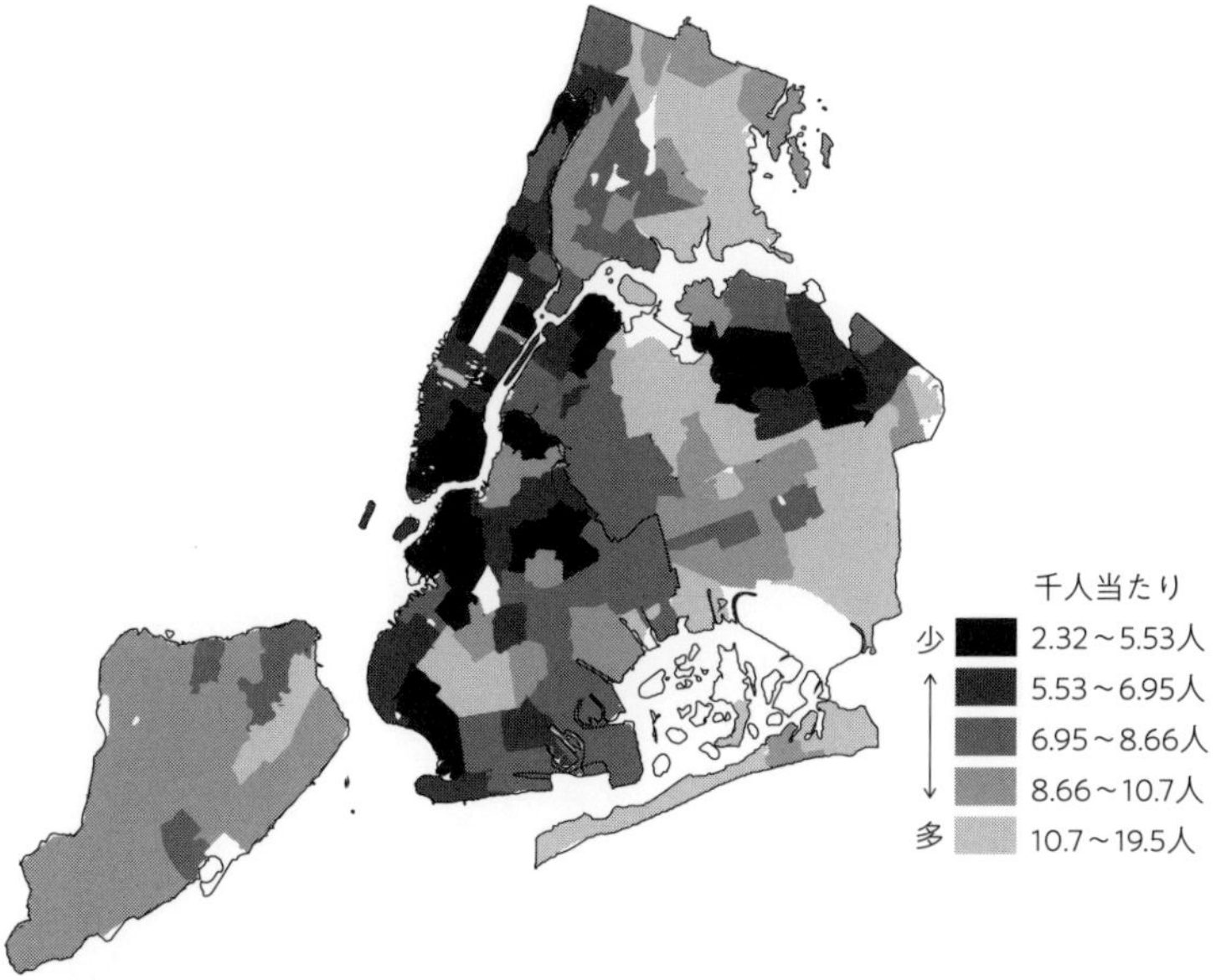

感染者（人）	人口密度（人）	人種構成（%）			中間所得（$）	大卒率（%）	接触率（%）
千人当たり	平方マイル当たり	黒人	ヒスパニック	白人			インターネットに非接続
2.32 ～ 5.53	48067	13.0	18.0	45.9	80556	54.6	14.4
5.53 ～ 6.95	47845	18.0	25.2	40.5	68404	48.8	15.2
6.95 ～ 8.66	29050	26.3	38.1	22.8	49372	26.5	19.9
8.66 ～ 10.7	20144	24.8	31.8	28.7	58409	30.3	17.9
10.7 ～ 19.5	25082	26.6	30.5	25.1	57498	27.3	19.0

図２　ニューヨーク市の新型コロナ感染率——郵便番号別

出典：ニューヨーク大学フルマンセンター調べ。感染者：2020 年 4 月 7 日時点。

インターネットに接続できないと在宅勤務などができず外部との対面接触率が上がる。1 平方マイルは約 2.59km^2。

①感染率が低い近隣住区ほど人口密度が高い。逆に人口密度が薄い近隣住区で感染率が高い。感染率が高い近隣住区では、マイノリティ（黒人、ヒスパニック）の比率が高く、白人比率は低い。所得も学歴も、感染率と逆比例になっている。

②感染率が低く、人口密度が高く、所得、学歴も高い近隣住区は、マンハッタンのビレッジ、ソーホー、チェルシー、トライベッカ、イーストビレッジ、セントラパークの両サイド、ブルックリンのブルックリンハイツ、ダンボ、ウイリアムズバーグ、グリーンポイント、プロスペクトパーク界隈、クイーンズのサニーサイド、ダウンタウンなどである。伝統的に中の上以上の中間所得階層が暮らす裕福なコミュニティか、急激なジェントリフィケーションが進行して居住者の構成に変化（リッチな白人が流入し、貧困層、マイノリティが排除されている）がおきている近隣住区である。

一方、市境に近いクイーンズの東方面、スタテン島の一部、ブルックリンの南東の外れは、マンハッタンやブルックリンダウンタウンなどとは違って高層オフィス／高層住宅ビルは少なく、中低層の住宅、商店街が連担し、密度が低い。それでも感染率が高い。

ニューヨークの場合、感染率と同時に感染死亡率でも、近隣住区ごとに格差が大きく、人口密度が高い住区ほど低い住区に比べて死亡率が低いことが明らかにされている。[注13] 感染率と感染死亡率をめぐっては、ニューオーリンズやデトロイトなど他の都市でも、共通して同じ傾向（経済的、社会的条件との関係）が指摘されている。コロナウイルスは、貧富の差に関係なく感染する。その伝染は身体的には平等だが、社会経済的な条件によって感染率、感染死亡率に大きな違いが出たことは、アメリカ都市の分断、格差の実態を鮮明にあぶり出すことになった。

人口密度（density）、接触性（connectivity）、感染率、感染死亡率をキーワードにし、その間の相関性を調べた論文が発表されている。アメリカの都市圏内にある913郡の新型コロナ感染状況を基に解析した結果である。それによると、「理論的には、高密度な郡では対面の接触機会が多くなる。そこで感染し、急速に感染が拡大し、パンデミックのホットスポット（エピセンター）になる可能性がある」が、調査では、「それとは違う実態を把握することができた」という。

①人口規模の大きな都市圏ほど感染率、そして感染死亡率が高かった。感染が人々の移動、および接触を通じて広がることを考えれば、大都市圏こそ、そうしたところである。

②しかし、都市圏内の郡レベルで比較すると、人口密度と感染率の間にポジティブな関係を見ることができなかった。

③感染死亡率については、人口密度が高い郡ほど低くなる傾向を確認することができた。

②、および③の事実は、前述したようにニューヨークの、高密度のマンハッタンと低密度のク

イーンズ、およびスタテン島との経験と符合している。

こうした事実を踏まえ、当該論文は、「新型コロナウイルスの拡散をめぐっては、人口密度よりは接触性がもっと重要な要件になる」という知見を示している。スペイン風邪をめぐる既往研究でも、同じ指摘がなされている、という。スペイン風邪を、英国、日本、およびアメリカの45都市について調べた研究では、密度と感染死亡率、感染の広がりの間に明白な関係を観察することができなかった。[注14] さらに死亡率で比べた時、高密度の都市よりは田舎の、低密度地域のほうが、より打撃が大きかった。それは明らかに医療施設、あるいは公衆衛生に関する情報の流布などに格差があったことを反映していた、という。

今度の新型コロナ感染では、「エッセンシャルワーカー」という言葉が日本のメディアなどでも頻繁に使われた。都市の「かたち」――可視的、建築的な社会インフラに加え、人々の働き方／暮らし方を支える労働者、という意味である。レストランやカフェ、食料品・雑貨店の店員、公共交通機関の従事者、都市ゴミの収集、都市の清掃、宅配業務などの仕事に従事する労働者である。一般的に低賃金である。在宅勤務などできず、不特定多数と接触する機会の多い仕事である。富裕層の暮らしは決して自立しておらず、これらのエッセンシャルワーカーの労働に支えられて初めて成立している。そしてエッセンシャルワークに就業しているのは、おおかた、マイノリティである。感染死亡する人が多く、埋葬が間に合わず、しばらくの間、冷凍保管するなどの作業があったが、そうした過酷な労働に就くのも、マイノリティのエッセンシャルワーカーである。

こうした低所得者層は、その多くが医療保険に加入していない。そのため熱があっても医者に行けないし、入院も難しい。十分な学校教育を受けておらず、公衆衛生に関する知識が乏しいこともある。その結果、感染が広がり、感染死亡率が高くなる。今度のコロナ禍では、ホームレスの間で感染が広がったこともニュースになっていたが、サンフランシスコは、ホームレスを収容し、感染から隔離するためにホテル7千室を借り上げる条例を制定した[注15]（5月初めまでに2千731室を借上契約し、965人が収容されていた）。それが感染死亡率を抑えることに寄与していた。

逆に人口密度の高いところで感染率も感染死亡率も低いのは——典型的にはダウンタウン、あるいはミッドタウンを呼ばれる街区がそうした地区に相応し、伝統的に富裕層がコンドミニアムや高級アパートに暮らしている。そして、テレワークし、宅配を利用し、接触率を押さえ込むことができている。また、隣接して先端的な医療施設を整備した総合病院が幾箇所もある。そのため治療の機会に恵まれている。

「高密度」は「過密」ではない

今度のコロナ禍を踏まえてある都市計画研究者が、ネットの投稿欄にエッセイ風の都市計画論を連載していたが、「高密度」について意外なこと書いていた。都市計画のミッションについて説明していたのだが、「都市計画は伝統的に「高密度」と戦ってきた」と切り出している。なぜ高密度と戦うのか──それは、⑴高密度な都市は、イコール「スラム」である、⑵したがって高密度な都市は大火や地震、伝染病に脆弱である、⑶そのため都市計画は、道路、公園をつくり、しばしば根こそぎスラムを改良してきたのである、という。そしてコロナ禍をきっかけに、高密度な都市から低密度な郊外へ、「郊外戻り（Back to suburb）」が始まるのではないか、と書いていた。

「高密度」は、都市計画が戦わなければいけないほど悪だろうか。都市論的に「高密度」を定義すれば、人々が、住宅が、オフィスが、工場が、さらにはあるタイプの産業が高度に集積していることが「高密度」である。「高密度」であることそれ自体には、良い、悪い、の価値判断が加わることはない。逆に「低密度」についても同じである。

したがって「高密度」は、「過密」とイコールではない。「過密」は悪である。都市計画が伝統的に戦ってきたのは「高密度」ではなく、「過密」である。集積と都市・社会インフラとのバランスが崩れているために、たとえば道路が混雑し、渋滞が酷く、大気汚染が深刻である、小中学校が寿司詰め教室である、ラッシュアワーの公共交通の混み方が激しい、住宅が不足し家賃が高騰している……などが「過密」である。

同じように「低密度」は、「過疎」とイコールではない。「過疎」は悪である。農山村計画が伝統的に戦ってきたのは、「過疎」である。集積と農山村・社会インフラとのバランスが崩れている。公共交通が間引きされたり、廃止されたりして移動の自由が奪われている、病院がなく地域医療が崩壊している、子供がいないので廃校になる、働き手がいないので山が荒れる、高齢化し、村落内の相互扶助、祭りなどの伝統行事の持続が難しくなっている……などが「過疎」である。

「過密」でさえ、即、「スラムである」と言い切れないが、ましてや「高密度な都市は、イコール「スラム」である、というのは、「高密度」の言葉の使い方に基本的な間違いがある。日本国憲法25条は、生存権を規定し、「すべての国民は健康で文化的な最低限度の生活を営む権利を有し」「国は、すべての生活部面について社会福祉、社会保障および公衆衛生の向上および増進に努めなければならない」と述べている。「健康で文化的な最低限度の生活」は時代を反映して規定されるが、いずれにしても「過密」「過疎」は25条の生存権を冒す状態、ということになる。

都市再開発が「スラム」を解体し、そこに高層アパートなどを建てることを、J・ジェイコブズが激しく糾弾した話は、都市研究者の間ではよく知られている。[注16] ジェイコブズは、伝統的な都市計画や住宅理論が「「過密なスラム」と見なしている地区」は、実際は「住戸密度の高い活気に満ちたところである」と考えていた。したがってスラムの取り壊しや大規模再開発では、住戸密度が低く抑えられ、多様性も活力も失われてしまう、と指摘した。ジェイコブズは「(とくにアメリカでは、逆に)住戸密度の低い退屈なところが、むしろスラムというのにふさわしい」と述べ、デトロイトやオークランド、クリーブランドの戸建て住宅が低密度に広がる街区の事例を紹介し、そこがいかに怠惰で不健康なコミュニティに零落しているかについて語っている。

そして「低密度都市が裏付けもなく良いものと考えられ、逆に高密度都市が悪者扱いされるのは、住戸の高密と住戸内の過密を混同しているからである」と書いている。マンハッタンの、住戸の高密度地区で感染率が低かったのは、それぞれの住宅が広く、たとえ家族に感染者が出ても、接触を避けることのできる十分なスペースがあったためである。一方、クイーンズなどの、住戸の低密度地区で逆に感染率が高かったのは、そこでは住宅が狭く、家族や同居者の頻繁な接触を避けることが難しく、一度感染者があると一気に感染が広がる、ということがおきたのである。ジェイコブズは、「高密度な都市が疫病に脆弱である、というのは19世紀までの話である、それを主張するのはアナクロニズムに陥る」と言い切っている。今般のコロナ禍に即して換言すれば、平方キロ当たり(都市規模)の人口密度ではなく、平方メートル当たり(住宅/部屋)の居住密度が感染の拡大を考える際にキーワードになる、という話である。そこを取り違えては、まともな都市計画の議論にはならない。

ポストコロナの時代にも、「高密度」を希求する

ジェイコブズは、「都市は多様性の、天然の経済的発展装置であり、新事業体の、天然の経済的育成装置である」と解き、都市の創造性の源泉を多様性に求めていた。そして多様性を育む四つの条件について語っている。その条件の一つは、「密集している」ことである。「密集の必要性」について1章割き、「高密度都市」賛歌を綴っている。すなわち、「十分な密度で人がいなければならない」「利便性を生み出すのは密集である」「高密度で多様性があることが都市生活を発展させるチャンスになる」と書き、高密な都市に対する否定的な感情は、都市計画を知的に殺す後押しをすることになる、と論じている。そして「高密度の都市人口は資産である」と言い切って、「密集の必要性」の章を綴じている。

農本主義者だったT・ジェファソン（アメリカの第3代大統領）は、人々が密集して暮らす都会は道徳的に退廃し、公衆衛生の面でも脆弱である、と考えていた。その都会嫌いはよく知られていたが、晩年には変節し、都市の外縁部に製造業の立地を容認し、都市の創造性、あるいは雇用力を評価した、と伝えられている。

「人口密度（density）、接触性（connectivity）、感染率、感染死亡率」をキーワードにし、その間の相関性を調べた論文の筆者T・リットマンは、カナダの交通研究所（Victoria Transport Policy Institute）の創設者兼専務理事である。今度のパンデミックでは、「公共交通は危ないか」「都会は田舎より危険か」など通説を問い直す論文を立て続けに発表している。その基本的な立ち位置は、「高い感染率、高い感染死亡率は、直接的に高密度とつながるわけではなく、むしろ社会経済的条件が大きく影響する」という主張にあった。したがってコトキンのように、将来の望ましい都市の「かたち」は、スプロールし、もっぱらマイカーで移動するロサンゼルス型に優位性がある（二〇二〇年の夏場には、ロサンゼルスでも感染者が急増した）、という考え方には与しない。

当該論文の結論は、以下のとおりである。[注17]

①スプロールした地域のほうが高密度の都市よりも感染率が低くなる、という実証的な証拠はない。むしろ、低密度地域のほうが高密度地域よりも感染死亡率が高いところが多く報告されていた。その事実を踏まえれば、都市計画は、パンデミックに対応するために従前からのパラダイムを転換する必要はない。

②コンパクトであることは、環境、交通、健康、経済活動のどの面でもスプロール開発より利益

が大きいことは、既往研究によって明らかにされてきた。

③都市計画、都市政府がパンデミック危機に適切に対応するためには、スプロール型の、郊外開発に走るのではなく、ビジネス、家族、市民のそれぞれがソーシャルディスタンスを達成できるコミュニティデザインなどで工夫を凝らすことが大切である。

集積の高いところで経済の生産性はアップし、対面接触を繰り返すことで知識やアイデアのスピルオーバーがおきる。さらにイノベーションにつながる。それが高度知識経済社会が機能する仕組みである。換言すれば、感染症の時代に大切な都市政策、および都市計画は、人々が接触する機会を適切に管理することである。郊外に人々やビジネスを押し出したり、高密度を抑制して都市の活力を減衰させたりすることではない。

3章　「地下鉄叩き」を止めよう！——公共交通主犯説を批判する

「地下鉄がパンデミック源」説

ニューヨークの、新型コロナ感染のパンデミック（第1波）が収まってきた7月上旬に、ブルックリンに暮らす知人から聞いた話である。アパートの中層階にあるテラスから高速道路を眺め下ろすと、「マンハッタンに向かう車線が大渋滞をおこすようになった。まったくのノロノロ運転です。4、5月は車の流れがスムーズだったのに……」という。この時期のニューヨークでは、在宅勤務による自宅待機要請が緩み、一部でオフィス通勤が始まっていた。[注1] それでも地下鉄の乗車率は、依然、低く、平常時の30～40％のレベルだった。ラッシュアワーでも、地下鉄車内はガラガラ。座席も、腰掛けるのに余裕があった。知人は、「通勤が公共交通の利用から車による出社に変化している。アフターコロナに、交通事情がさらに悪化するのではないか」と心配していた。

パンデミック前は、公共交通、とくに地下鉄網が発達し、ニューヨークでは地下鉄利用の通勤が普通だった。それでもなお、車の混雑が酷く、マンハッタンのダウンタウン―ミッドタウン（60丁目通り以南）に、アメリカ第1号のロードプライシング（混雑税＝ある区域内の通行車に課金し、車の通行量を抑制する制度）を導入する計画が決まっている。それがアゲインストコロナの時期に、地下鉄／バス利用からマイカー通勤へモーダルシフトがおきた。ニューヨークでは、地下鉄利用者の1％が車利用に転換すると、道路の交通量が12％アップする、という試算がある。[注2]

3月上旬には、ニューヨークで無症状の陽性者を含めて感染がかなり広がっていた。それでも地下鉄の乗車率は、ほぼ普段どおりだった（第1週：平常時のウイークデーの乗車率と同じ、第2週：同19％減）。それが1日当たり329人の感染が確認され、市長のD・デブラジオが3月15日、「学校の閉鎖、レストランやカフェの営業停止」の指令を出した。以降、地下鉄の利用者が激減した（第3週：同68％減、第4週：同86％減）。政治家やメディア、保健当局が「高密度が危ない。とくに通勤時には、混雑する地下鉄が感染のエピセンター（震源）になる」と警告するようになった。それが大きく影響し、市民が地下鉄を回避し、乗車しなくなった。その後も「日本発の3C（closed, crowed, close places = 「三密」）の回避」が呼びかけられ、地下鉄は「3C」の典型のように扱われた。3月下旬には、ニューヨークはアメリカで最悪のパンデミックになった。感染者が急増して医療崩壊の寸前に追い込まれた。感染死亡者の火葬が間に合わず、しばらく冷凍保管するという状況を迎えた。

しかし、実際のところ、「地下鉄が感染拡大の主要な媒体になっていた」ということは、疫学的には検証されていない。なにかの不都合がおきると、だれかの責任にしたくなるのが人間の性である。そしてたちまちスケープゴート探しをはじめる。標的が決まると科学的に検証することなく、一方的に攻撃する。攻撃には、政治的な思惑が絡むこともある。新型コロナの感染をめぐっても犯人探しが行われた。そして地下鉄を主犯扱いする論述が相次いだ。アメリカには、反都会主義の保守的伝統を重視し、車で移動する郊外の暮らしを支持し、公共交通に対する投資を嫌悪する集団がいる。そうした思想グループが、「地下鉄主犯説」に共感を示していた。

「地下鉄主犯説」の幾つかを紹介する。

メディア　ニューヨークタイムズは、「コロナウイルスの戦いで高密がニューヨークの最大の敵になっている」という記事を掲載した。記事は、「カリフォルニアでは、だれもが車を持っている（筆者注：「したがって感染が広がらなかった」という意図）。一方、ニューヨークでは、地下鉄やバスが充実し、狭苦しいアパートに暮らしている（筆者注：「したがって感染が拡散した」という意味）」というカリフォルニア大学教授（感染学専攻）、L・ライリーのコメントを載せていた。[注3] そして乗客が地下鉄を乗り降りする風景写真を載せ、そのキャプションに「ウイークデーのニューヨークでは、毎日、平均550万人が地下鉄を利用している（ロサンゼルスの地下鉄利用者の半月分に相当）」と書き添えていた。「コロナの戦いでは、高密度の地下鉄が手強い敵になっている」という筆致だった。

行政　リベラル派市長のD・デブラジオも、ステイホーム指示を出した際に、「地下鉄に乗らずにすむならば、乗らないようにしなさい。在宅勤務できるならば、在宅勤務しなさい」と語っていた。市長のこうしたコメントは、市民の脳裏に「地下鉄は危ない」という印象を焼き付けるのに十分だった。

政治 市内5区の中では、とくにクイーンズの感染が深刻だった。クイーンズを選挙区とする市議会議員のR・ホルデンは、高揚する危機感を抑えられず、同僚の3市議会議員を誘い、知事のA・クオモに宛てて「ニューヨークの地下鉄／バスの運行を一時停止すべきである」と書いた手紙を提出した。[注4] 手紙は、「感染死する地下鉄職員が出ている」「混雑する地下鉄、バスは乗客の間で感染を広げる」「ホームレスが地下鉄を避難先に使い、ホームレスの間で、そして乗客の間で感染を拡散させる」「ニューヨークがこれほど酷い感染状況になっているのは、地下鉄とバスが主要な感染媒体になっているためである」と主張し、「少なくとも1週間は、地下鉄とバスの運行を完全に停止し（代替の交通手段を提供しながら）、駅や車両を徹底的に消毒するべきである」と訴えていた。

評論 マスメディアによく登場する保守派の時評家K・スミスが、「（ニューヨークでは）地下鉄がコロナ感染を先導し、アメリカ全土で唯一、最も重要な感染経路になったことはほぼ明らかである」とツイートした。[注5] それは検証も論証もなしの、言いっぱなしだったが、それでもツイートに対して「いいね」があった。ニューヨーク・ポストの映画時評を担当した後、現在はナショナル・レビュー（保守派の政治、文化批評ネット）で評論活動をしている。

学会 マサチューセッツ工科大学の経済学者（公衆衛生経済学専攻）J・ハリスは、ニューヨーク・デイリー・ニューズのオプ・エド（論評：Op-Ed）欄に「なぜ地下鉄が主犯なのか――ニューヨーク市の地下鉄がコロナを拡散させている科学的な証拠」を投稿し、[注6]学会誌に掲載された自身の論文の要約を掲載した。[注7]

ハリス論文は、メディアがしばしば引用し、ニューヨークで新型コロナウイルスの感染を加速させた犯人探しで多大な影響力があった。そもそも学術論文として発表されたことが、世間の注目を集める一因になった（「地下鉄主犯説」を説く学術論文は少なかった）。とくに公共交通嫌いの、車大好きの保守派の論客の間で頻繁に引用された。しかし、論文の発表直後から、経済学、統計学、公衆衛生学など多分野の研究者から「証明が破綻している」と批判の集中砲火を浴びることになった。

ハリスは、「地下鉄主犯説」を以下のように説明していた（図3）。

①乗車率と新規感染者の間の相関

市内にある496の地下鉄駅の4千600の改札を調べた。マンハッタンでは、改札口の通過人

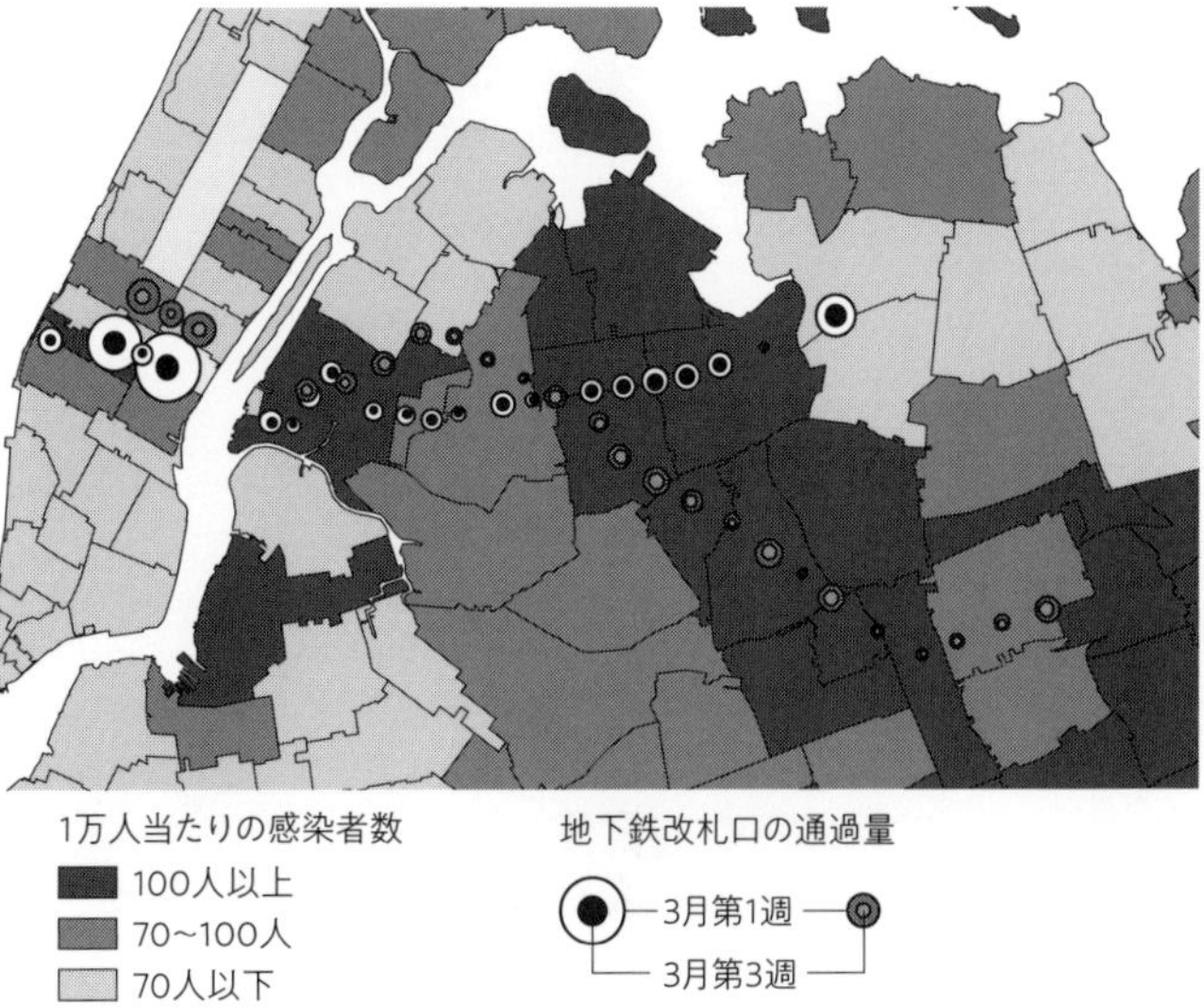

図３　地下鉄の利用者と感染状況の変化

出典：J. Harris, National Bureau of Economic Research

地下鉄７号線（各駅停車線）沿いの駅と郵便番号地区別の感染状況を重ねて示した。

数がピークだったのは３月２日である。それが３月16日には、ピーク時対比で65％減少した。その２週間後に、マンハッタンでは新規感染者が減少に転じた。同じ期間にマンハッタン以外の区では、改札口の通過人数は小幅の減少に（33～56％）に止まっていた。そのため、それらの区では、２週間後の新感染者の動向に顕著な変化がおきなかった。すなわち、地下鉄の利用が大きく減ったマンハッタンでは、感染者数が２倍になる日数が20日間に伸びたが、利用の減りが小幅だった他の区では、同９日半～14日間と改善が遅れた。

②路線と郵便番号地区

地下鉄の路線図と郵便番号地区別の

感染率地図を重ね合わせると、急行に比べて混雑するローカル線、とくに7号線（クイーンズとマンハッタンを結ぶ）沿いにホットスポット（感染多発の郵便番号地区）がぴったり連なっていた。それは、混雑する地下鉄と高い感染率の間に強い関係があることを示唆していた。しかもマンハッタンで唯一のホットスポットになったミッドタウンウエストには、感染の酷いクイーンズから乗客を運ぶ7号線が走っている。

ハリスは、以上の事実は、「地下鉄とコロナ感染の間に因果関係を説明するものではないが」と断り書きをしている。しかし、その一方で、「事例が明示する相関性は、地下鉄が新型コロナ感染を拡散する媒体になっていることを示唆している」と述べ、そこから一気に「ニューヨーク市では、地下鉄がコロナウイルスを大量拡散した」というショッキングな結論を得ている。そしてそれをそのまま表題にして論文をまとめ、発表したのだった。しかし、そこには、「高密度都市はコロナを感染させる」（2章）という主張に通底する論理の飛躍があった。

地下鉄の利用者と感染状況の変化　CDC（Center for Disease Control and Prevention：アメリカ疾病予防管理センター）は、連邦政府の感染症対策の総合研究所である。そのCDCが新型コロナに対する感染対策のガイドラインを示し、そこでも「公共交通を避け、車で通勤しなさい」とアドバイスしていた。[注8] ガイドラインは、「感染を避けるためには、在宅が最良である。外出は感染の機会を増す」と忠告し、「航空機、バス、列車の公共交通機関では、ソーシャルディスタンス（他人から6フィート離れる）を確保するのが難しい」と書いていた。こうしたアドバイスも、ハリスなどの「地下鉄主犯説」と呼応し、地下鉄の利用を激減させることになった。

「地下鉄主犯説」批判

ハリスの提起した「ニューヨークでは、地下鉄がコロナ感染の主要な媒体になった」という説に対し、「データの取り扱いに間違いがある」「幾つもの要因が考えられるのに、地下鉄をスケープゴートにしている」などの批判が多方面から上がった。[注9]

①マンハッタン、ブルックリンの中心部には地下鉄が縦横に走っているが、界隈（ダウンタウン、ミッドタウン、セントラルパークの東西、ブルックリンハイツ、ブルックリンダウンタウン、プロスペクトパークなど）では、相対的に感染は抑制されていた。逆に地下鉄の少ないクイーンズ東部（コロナ、ノースコロナ、イーストエルムハースト）やブロンクス北部、地下鉄が走っていないスタテン島で感染が爆発した。すなわち、地下鉄の利用と感染率アップの間に

は、相関関係が乏しく、むしろハリスの主張とは真逆の傾向を示していた。

②ロウアーマンハッタン／ミッドタウンにある駅では、乗車率が大幅に低下し（90〜95％減少）、それがマンハッタン全体の乗車率の低下（86％減少）につながった。界隈はオフィス街である。そこで乗車率が大幅に低下したことには、マンハッタン以外からの通勤者が在宅勤務になったことが反映していた。一方、アッパーマンハッタン／ウエストサイドの労働者住区では、乗車率の低下が相対的に小幅だった（70〜75％減少）。すなわち、マンハッタンの居住者に限れば、その乗車率の低下は、市全体の平均に比べ小幅だった。それにもかかわらず（＝マンハッタンの住民は地下鉄をよく利用していたが）、感染率は他の区に比べて低かったのである。

③マンハッタンのホットスポットになったミッドタウンウエストには、ハリスが指摘するように7号線——感染ホットスポットが沿線に数珠つなぎ——が走っている。しかし、加えて幾つかの地下鉄線が通過している。しかも、人出の多いタイムズスクエアやブライアントパークに近接している。その意味では、ミッドタウンウエストには、ホットスポットになるリスクがあれこれ揃っており、7号線に絞って注目する分析には偏向がある。

ネブラスカ大学准教授（生理学専攻）のJ・サンタルピアは、「ハリス論文の前提は正しい」という。[注10] その前提というのは、「パンデミックの時期に、混雑する地下鉄が感染リスクを高め、感染の拡散につながる可能性がある」という考え方である。しかし、「ハリス論文が、その間の関係を明確に証明していたとは思わない。コロナウイルスの感染拡大をめぐっては、いろいろな条件が重なっている。説明が「これが悪い！」という決め打ちになると誤りを起こす」述べていた。そしてハリスの地下鉄主犯説は、「『まず、結論ありき』になっていたのではないか」と批判していた。

社会的、経済的な条件を排除して地下鉄を一方的に悪者にしている、という批判が多かった。地下鉄の乗車率が急落した時期には、学校が閉鎖され、レストランやカフェが休業し、ステイホーム指示が出されて在宅勤務が広がっていた。他の区に比べてマンハッタンの感染率の低下が大幅だった事情には、そうした条件が輻輳して影響していたはずである。

また、クイーンズやブロンクスで感染者が多く、感染率が高かったのは、マイノリティのエッセンシャルワーカーが集住して暮らしいることが影響していた。仕事柄、日常的に他人との接触機会が多い。「コミュニティの働き方／暮らし方」がソーシャルディスタンスを取りづらい「かたち」になっている。感染防止には、圧倒的なハンディキャップになっていた。逆にサンセットパークなどのアジア系コミュニティでは、感染率が低かった（アジアで感染率が抑えられていたことをめぐって「ファクターX」が作用している、という説が提起されたが、ニューヨークのアジア系コミュニティでも感染率が低かった）。ハリス説は、そうしたことを丁寧に分析することなく、むしろ他の条件を考察するのをあえて排除し、「地下鉄をスケープゴートにした」と指摘された。

実際のところ、世界の都市を調べても、地下鉄の普及とコロナ感染の間にポジティブな関係を見つけるのは難しい。香港では、７５０万人が超高密度（6千８００人／平方キロ）に暮らしている。感染前は、４５０万人が毎日ＭＴＲ（Mass Transit Railway：香港鉄路）を利用し、アゲインストコロナの時期にもその乗車率は大きく下がらなかった。しかし、地下鉄が感染拡大の媒体になった、という報告はない。同じく地下鉄網の発達した高密度都市ソウル（１万6千人／平方キロ、９路線）や台北（台北メトロが6路線運営し、１日当たり２００万人が利用する）、東京からもそうした話は伝わって来なかった。

ヨーロッパでも、パリ（5月から6月中旬の間に市内で３８６クラスターの発生が通告されたが、感染者の行動追尾の結果、公共交通発のクラスター報告は1件もなかった）、オーストリア（4、5月に３５５クラスターが発生したが、公共交通での発生はなかった）[注11]、ドイツ（公共交通の発達した都市と車移動の郊外の間に、感染率の大きな差はなかった）も状況は同じだった。コロナ禍が甚大だったミラノ（ミラノの感染率は車依存率の高いロンバルディアの郊外と違わなかった）からも、「公共交通機関が感染の主犯になっていた」という疫学的な報告はない。

ハリス論文を批判し、ジョージ・メイソン大学のシニア研究員Ｓ・ファース（都市研究）は、「ニューヨーク市では、車がコロナを大量拡散した」という挑戦的な論文をネット雑誌『マーケットアーバニズム（Market Urbanism）』に投稿した。[注12] ファース論文の英語の表題は、ハリス論文の「地下鉄（subways）」を「自動車（automobiles）」に置き換え、その他はハリス論文をなぞってそっくり同じ、という皮肉たっぷりなものだった。論文でファースは、市内の郵便番号地区別に車の通勤率と新規感染者の増加率（4月1〜16日）を重ね合わせ、①その間に強い相関関係がある（車通勤率が高い郵便番号地区ほど感染者の増加が急）、②地下鉄、その他の公共交通機関を頻繁に使っているところでは、むしろ新規感染者の増加が緩い、と指摘し、ハリス論文とは相関関係が真逆になっている、と指摘したのである。

なぜか。ファースは、聞けばだれもが納得するのだが、意外に誤解されがちな事実から解きはじめている。すなわち、「感染を広げる悪者は地下鉄や車ではない。それに乗る人間である」と述べ、「なぜ、車に乗る人が地下鉄利用者に比べて感染をより拡散させるのか」について、二つの推論を提示していた。

①車を使う人は、「車は感染から安全である」と考えている。そのため頻繁に外出する。逆に地下鉄に乗る人は、「地下鉄は危ない」と心配している。そのため外出をできるかぎり控え、歩くか、自転車の暮らしにシフトした。ミスターAがコロナウイルスに無症状の陽性ならば、どちらが他者との接触機会を増やし、より感染を拡散させるかは明らかである。

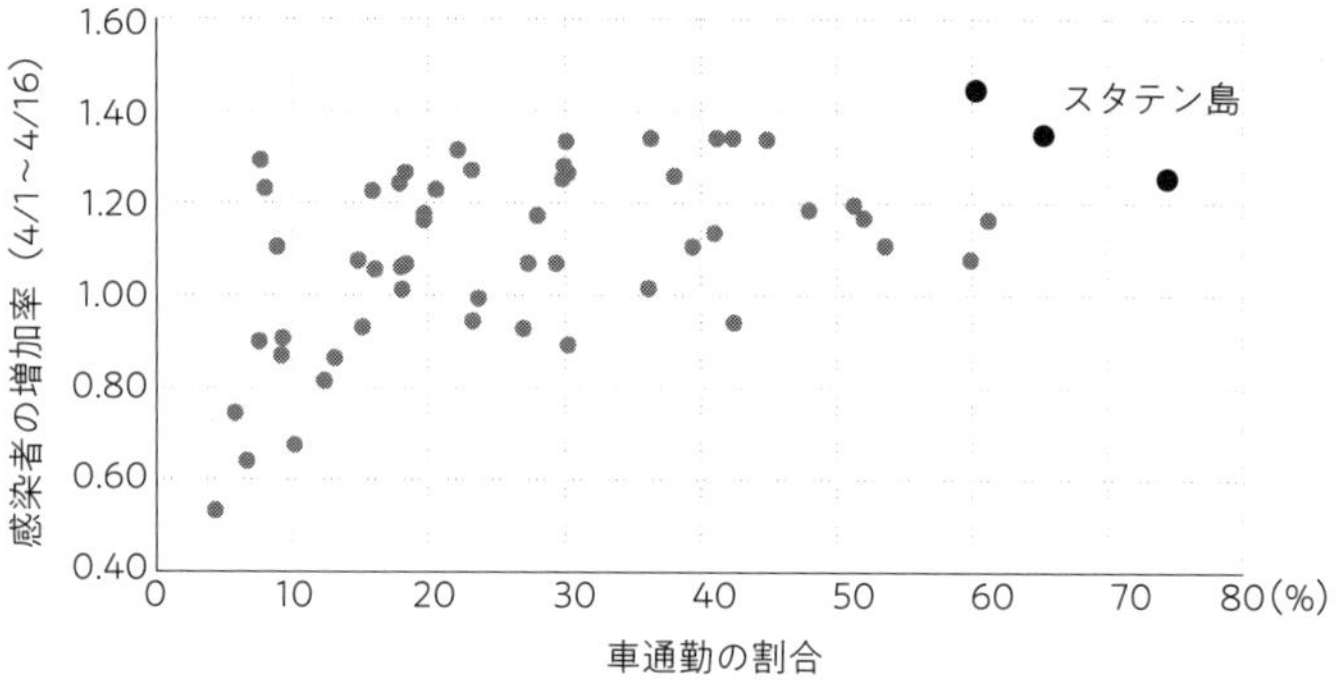

図４　車による通勤率と感染者の増加（４月１日～16日）　出典：Furth, 2020.
1）車による通勤率が高くなると感染者がより増大する傾向がある。
2）●は地下鉄のないスタテン島。

②車に乗る人は遠出をする。そのためミスターAが感染していれば、車で移動する場合、あちらこちらで接触機会をつくる。そして感染を遠方に拡散し、感染クラスターを多方面につくる。一方、ミスターAが地下鉄の利用者ならば、日常の暮らしはむしろ限られた範囲の生活圏内で完結する。したがって感染が発生しても、クラスターは狭い域内に限定され、そこに止まる。

ジョンズ・ホプキンス・ブルームバーグ公衆衛生校が「密度と感染の拡大、感染死亡者の間に直接的な関係を見つけることはできない」という報告書を発表し、交通学の研究者が「それぞれの乗り物には固有の、潜在的な感染リスクはある。しかし、それがただちに感染源になるということはない。リスクを理解し、リスクに対してどのように人々が「行動」するかが大切であり、それがリスクの顕在化に大きな違いをつくる、と指摘していた。ニューヨークタイムズも、「地下鉄が危ない？　たぶんあなたが考えているより安全です」という記事を載せ、「乗客がマスクをかければ」「地下鉄車両やバス、駅をしっかり消毒すれば」「換気をしっかりすれば」、リスクは大きく軽減される、と書いていた。[注13]

地下鉄経営は大赤字に転落

世界の主要都市の公共交通について、日々、その乗車率を調べているネットがある（トランジット：the Transit. app）。それによると、調査対象都市全体をとおして２０２０年３月中旬から下旬にかけて、主要都市の公共交通の乗車率は、平常時の25～30％まで低下した。その後、ゆっくり回復したが、７月下旬の乗車率は、多くの都市で平常時の40～45％に止まっていた。半面、アジアの都市では、乗車率の回復が相対的によい。日本（首都圏、関西圏）でも、緊急事態宣言（４月７日）をきっかけに乗車率が激減したが、７月末には平常時の80％以上に回復していた。[注14]

ニューヨークでは、地下鉄の乗車率が最悪時には平常時の10％未満に急落した。その後、回復は遅々としている。そのため地下鉄とバスを運営しているＭＴＡ（Metropolitan

Transportation Authority：州政府管轄下の都市圏交通局）は、大幅な収入減、大赤字に転落した。運賃収入が激減し、２０２４年までに１６２億ドルの財源不足が発生する、と見込まれている。[注15] ロードプライシングからの収入（15億ドル）で赤字補填したり、連邦政府からの支援を期待したりしているが、駅や車両の改善に投資する一方、新規の需要を開拓しないかぎり、大幅な合理化は避けられない、と見られている。

トランジット（Transit）が、アメリカの公共交通機関の利用者を対象に、「コロナ禍で公共交通に乗らなくなったのはだれか?」をアンケート調査している。それによると、「白人男性の逃避が顕著だった」。普段の乗車率は、男女が半々。それがコロナ禍では、女性の乗車率が56％、男性が40％になった（性別無回答があったので１００％にならない）。フィラデルフィアでは、女性の比率が68％とさらに高かった（女性の利用が増加したのではなく、男性の逃避が反映した）。また、白人の乗車率が半減。逆に黒人、ヒスパニックの乗車率は小幅の低下に止まっていた。また、公共交通に乗り続ける理由は、98％が「仕事のため」という回答だった。こうした回答からは、公共交通に乗り続ける人々として、「車を持っていない」「在宅勤務をできない」貧しいエッセンシャルワーカーの姿が浮かび上がってくる。アンケート調査では、地下鉄やバスに乗り続けている人の70％以上が年収５万ドル以下の、中の下の中間所得階層、あるいは低所得階層だった。

コロナ禍の余波は、多方面に及ぶ。利用者が激減したために、ニューヨークのＭＴＡは、５月

6日から深夜時間帯（午前1～5時）の地下鉄の運行を停止した。世界貿易センターが攻撃された時（9・11）、およびハリケーン「サンディ」で浸水がおきた時（2015年）を除き、MTAが地下鉄の深夜運行を止めたことはない。メディアが「寝ずの世界都市ニューヨークの終焉」と大見出しで記事を書くなど、歴史的なニュースになった。[注16] 赤字が嵩《かさ》むMTAは、深夜運行を近い将来に再開できる目処がない、という。観劇や野球／フットボールを観戦し、あるいは遅いディナーを楽しみ、その後、カフェで歓談して午前1時半発の地下鉄に飛び乗って帰宅する。それがクール（格好いい）なニューヨークっ子のライフスタイルになっていた。それができなくなった。

しかし、さらに深刻なのは、深夜まで働くか、早朝から働くか——エッセンシャルワークに従事する労働者が通勤手段を奪われたことである。MTAは深夜バスを増発するなどの対応をしている。しかし、地下鉄の利便性を代替するのは難しい。また、深夜の地下鉄がなくなれば、車で移動する人々とその機会が増える。結果、交通事故が増加する、と心配されている。

「公共交通の文化」を再考する

20世紀後半以降の世界では、持続可能性の達成が都市政策の重要なキーワードになってきた。1987年に国連の「環境と開発に関する世界委員会」が「ブルントラント報告」を発表し、「将来の世代がニーズを満たす能力を損なうことなく、今日の世代のニーズを開発する」という持続可能な開発、という考え方を提示した。その後、欧州連合（ＥＵ）がその開発思想を都市・地域政策の基本戦略に据えるようになった。そこでは、自然環境に止まらず、社会的、経済的、文化的、および政治的な環境についても持続可能性が問われた。とりわけ車に依存しない都市の「かたち」を希求することが重要な政策課題になった。換言すれば、移動をめぐっては「車文化」を唾棄し、「公共交通の文化」を養育する、という都市思想である。

コロナ禍では、公共交通は感染を広げる媒体としてこっぴどく非難され、「車社会に戻る機会である」「スプロールした郊外に引き返そう」という呼びかけが、伝統的な保守主義者を中心に行われた。しかし、そうした主張を正当化する疫学的な証明はなされていない。

車利用に比べて地下鉄やバス利用が感染を広げる、という主張には、交通学研究者から次のような反論があった。同じ距離を、同じ人数が移動する際、たとえば、①１千人が鉄道に同乗して１回で移動する、②１台のバスに20人が同乗し、50台で移動する、③１台のタクシーに客２人が同乗し、５００台で移動する、④１台の乗用車に運転手１人に１人が同乗し、１千台で移動する場合、どの移動が感染を最も広げるか、それを言い当てるのは難しい[注17]。むしろ同乗者の行動（マスクを掛ける、手洗い・うがいをする、大声でしゃべらない、換気を心がけるなど）、それに事前に車両や車を消毒したか——などが感染の広がりに大きく影響するはずである。

表1　ニューヨークの車所有率、通勤手段

	全体	マンハッタン	ブロンクス	クイーンズ	ブルックリン	スタテン島
世帯当たり車所有率 (%)	45.5	23.4	41.7	73.8	43.5	82.2
中間所得 ($)	55752	75575	35176	60422	51141	71622
車所有世帯中間所得 ($)	85000	134000	66320	85400	84000	93280
車非所有世帯中間所得 ($)	40630	69630	27400	42500	39260	25000
通勤手段 (%)						
公共交通	57.0	59.5	61.5	52.1	62.0	30.7
車	26.3	5.8	21.9	32.0	18.3	56.3

出典：2015年アメリカン・コミュニティ・サーベイ（1年間調べ）

「車社会」への回帰を訴える反動的な論調を甘受し、この半世紀弱の間に都市政策／都市計画が達成してきた持続可能な都市づくりを反転させるようなことがあってはならない。そのためには、「公共交通の文化」をしっかり再評価し、「車文化」論に対峙しなければならない。公共交通をさらに普及し、持続することの利益を改めて考え直すことである。すなわち、車に対する公共交通の優位性は、経済的、社会的、そして環境面での「効率性」と「平等性」にある。

経済的利益　ニューヨークでは、車の所有率は45・5％である。車通勤は26・3％に抑制され、他の人々は地下鉄、バス、自転車、歩きで通勤している。結果的に高密度な、移動の自由に恵まれた世界都市をつくってきた。それは東京やロンドン、ソウルなどでも同じである。半面、公共交通の整備が遅れる途上国の大都市圏では、交通渋滞が深刻である。移動に必要な時間を読めない。それが甚大な経済的ロスにつながっている。

健康増進に貢献　都市は人間を健康にする、と指摘されている。[注18] ニューヨークっ子の平均寿命（81・2歳）は、国の平均寿命（78・6歳）に優る。車に依存せず、人々は歩き、自転車に乗る。公園を散策する。そのため肥満が抑えられ、糖尿病／循環器疾病を患うリスクが抑制されている。排ガスが削減されれば、呼吸器疾病が減る。また、公共交通ネットワークが発達してその利用率が高くなると交通事故死が抑えられる（10万人当たりの交通事故死者：ニューヨーク市4・8人、フロリダ州14・7人）。そのことも、ニューヨークっ子の平均寿命が伸びることに貢献している。アメリカでは、毎年、車関連で9万人が亡くなっている[注19]（事故4万人、排ガスによる疾病などによる死者5万人）。

人種・民族の融和を促進　アメリカは、「サラダボウル」である。世界中からやって来る移民が、それぞれ別々のコミュニティに暮らし、決して溶け合っていない（「メルティングポット」になっていない)。ロサンゼルス都市騒乱(1992年)の後、ロサンゼルスでは地下鉄、LRT、バス路線の整備、拡充が急ピッチで行われてきた。それには、スプロール型の都市構造をコンパクト型に転換する狙いがあったが、同時に騒乱を反省し、公共交通への投資をめぐって「人種・民族の融和を促す」という目標を掲げていた[注20]。

サラダボウル状のコミュニティを高速道路で走り抜けてしまえば、自分以外の人種・民族の社会や文化に接する機会はない。多様性の間に相互理解が促される機会は乏しくなる。しかし、公共交通がサラダボウル状のコミュニティに停車し、走れば、いろいろな人種・民族の人々が乗り合わせることになる。隣り合わせに座れば、会話がはじまることもある。それは、多人種、多文化間の理解を進める機会につながる。多民族間都市騒乱を経験したロサンゼルスの公共交通政策には、そうした期待が込められている。多様性の間の違いを認め合い、寛容性を育む空間を公共交通に用意する、という狙いがある。

移動の平等性の実現　公共交通には、車を買えない貧しい人々、あるいは車を運転できない人々に移動の自由を約束してくれる、という「平等性」がある。コロナ禍では、地下鉄やバスがエッセシャルワーカーに必要不可欠の移動手段になっていた。世界銀行の交通経済学の研究者が、公共交通はアゲインストコロナの時期に不当に批判され、「感染を広げる悪党」扱いされる場面があったが、エッセンシャルワーカーを運び、経済活動（生産と物流）を持続し、アフターコロナでは、経済回復を支えるインフラになる、と述べ、「都市のヒーローである」と称賛していた。[注21]そしてアゲインストコロナの公共交通では、「３Ｃ」を最小限にする努力を、またアフターコロナに向かっては、公共交通を拡充するための投資をしなければいけない、と提言していた。

環境改善に寄与　ステイホームの影響が、環境面でも顕著だった。アメリカでは、２０２０年の１日平均のＶＭＴ（車の走行距離：Vehicle Miles Traveled）が、２０１９年比11・４％マイナスになると見込まれている。[注22]ほぼアメリカ全土がパンデミックになった3月15日から6月15日の間に、地球環境に害のある排ガス量が前年同期比18％のマイナスになった。実際にガソリンの購入額も大きく減った。[注23]期間中、交通事故も激減し、ニューヨーク市内では交通事故による死者がゼロ（普段は毎月10人前後の事故死がある）、カリフォルニアでは交通事故が50％も減っていた。

アゲインストコロナ、アフターコロナに生き残れるか

ニューヨーク都市圏交通局が努力してきた防疫施策[注24]

アゲインストコロナの時期には、公共交通の需要側には、マスクをする、ソーシャルディスタン

スを確保する、窓を開けて換気をする、つり革や手すりを触った時には手洗いを心がける、時差通勤・通学をする、買い物や外食は歩ける距離の近隣住区内ですませる――などの感染対策が求められる。これは、自分と同時に他者も守る、というシチズンシップの問題である。公共交通の供給側には、車両や車体、駅などの洗浄に努める、電子決済など接触の機会を減らす――など感染を広げない施策が求められる（ミラノでは、地下鉄車両の床に円を並べて描き、乗客は円内に立ち、ソーシャルディスタンスを守る一方、混雑してそれが難しくなる時には、改札で入場規制をする。加えて企業や市民に時差通勤、時差通学などを促し、1日の乗車数を3分の1（140万人を40万人）に絞る方針を示した）[注25]。

- 地下鉄車両内の空気を、循環させるタイプから換気型に交換（1時間に18回換気）
- 駅、地下鉄車両、バスの消毒強化
- 乗客に「マスクを掛けて乗車」を強く促す（非付帯者には配布。夏場までには90％の乗客が掛けるようになった。3月にはマスクの利用者はゼロに近かった）
- 車内、駅ではソーシャルディスタンスの維持を呼びかける

予断を許さない公共交通の将来

ワクチンの摂取が2021年春以降に広く行われるようになれば、アフターコロナの時代になる。その時、人々の移動手段はコロナ前の時代、およびアゲインストコロナの時期からどのように変容するだろうか。日本経済新聞がコロナ危機を反映して証券取引所の「乗りもの銘柄」にどのような浮沈がおきたかを分析し、興味深いコラムを載せていた。[注26] 自転車のシマノは、コロナ前の2020年1月末の時価総額は1・6兆円で国内86位だった。それが4月にJR西日本、6月に日産自動車の時価総額を抜き去り、7月末には2兆円、64位にランクアップしていた。[注27] 記事は、その時の時価総額の序列「シマノ―日産―JR西日本」には、「「密」を避けたい」という人々の行動変容が反映しているように思える、と解説していた。

アゲインストコロナでは、この序列が続く。そしてアフターコロナでも、自転車、あるいは歩きが主体の都市の「かたち」が持続すれば、脱車《だつくるま》社会に向かって素晴らしいことである。実際、ニューヨークでは、アゲインストコロナの最中にRPA（Regional Planning Association：ニューヨーク都市圏の地域計画を考える非営利団体）が報告書「ニューヨーク市内5区を結ぶ自転車道計画（The Five Borough Bikeway）」を発表していた。そこでは、コロナ禍で広がった自転車利用をさらに促進するために、市内に総延長650キロの自転車道路を整備し、「ニューヨークを自転車の世界都市に押し上げよう」と呼びかけていた。アゲインストコロナ下で公共交通を避けて車に逃げた人々が、アフターコロナでも公共交通や自転車、徒歩に向かわず、継続して車に乗り続けるのは望ましくない――それでは、コロナ前の時代に追求してきた持続可能な都市づくりを無駄にしてしまう、という懸念がある。

19世紀以前の、ふるい街の構造が残るヨーロッパの都市は、当然、車社会を想定して造られてはいない。駐車場が建物に敷設されていない。路上や中庭での駐車が当たり前である。そこに公共交通を忌避する人々が車利用者にシフトして増加すれば、街は車で埋め尽くされてしまう。そういう危機感がある。そのためヨーロッパの幾つもの都市で、アゲインストコロナの時期に、幹線道路の1車線を廃棄し、それを自転車道やプロムナードに転換する政策が展開されるようになった。

アメリカやヨーロッパでは、20世紀初期の都市交通は、路面電車が主役だった。スペイン風邪がパンデミックをおこした時には、乗客が激減したが、流行が収まると乗客もそれ以前の水準に戻った。世界貿易センターが攻撃されて倒壊した「9・11」にも、「地下鉄がテロに狙われる」という噂が流布し、利用者が減ったが、間もなくテロ攻撃以前の乗車率を回復した。こうした歴史に学べば、アフターコロナでは、地下鉄やバスの利用者はコロナ前の水準に戻る、という期待がある。[注28]その時、「公共交通がコロナ禍で経験した苦渋」を「禍転じて福となす」ためには、アゲインストコロナの時期から「公共交通の文化」を再考しておくことが求められる。

アメリカでは、通勤電車（快速）が朝は都市圏の郊外から中心都市へ、夕方は中心都市から郊外へ、それぞれ一方向の運行になっているところがある。この機会に双方向運行に転換し、利便性を向上させることが必要ではないか、という提案がなされている。[注29] また、人々は、日常生活では600メートル以上の距離を歩きたがらない。そこで今般、自転車利用が増加したタイミングをつかみ、鉄道と自転車利用を結び付ける工夫を駅や車両に施すことを訴える声も聞かれる。アメリカでは、郊外の鉄道駅前は閑散としているところが多い。そこで、駅周辺に複合ビル開発を推進し、そこから上がる利益を鉄道経営に充当すると同時に、乗客を増やす踏み台にすることもできる、という主張もある（こうしたことでは、日本の鉄道会社が先行している）。

4章　コロナ禍とテレワーキングの普及・拡大

——追い風になるが微風で終わる

テレワーキングはライフスタイルの選択

ニューヨークで投資銀行に勤める知人から聞いた話である。コロナ禍がニューヨークでパンデミックになった3月以降、州政府がステイホーム指令を発したため、全社的に在宅勤務などのテレワーキングになった。夏場にステイホームが緩和され、職場に戻った時に、アフターコロナの時代に向かって勤務スタイルがどうなるのか、同僚とお喋りする機会があった。その結果、「これからは、勤務スタイルが3タイプに分かれるのではないか」という感触を得たという。

①立身出世願望タイプ

社内での出世競争を勝ち抜くことを生き甲斐にしている。もっと働き、もっと稼ぐ。そのため普段からモーレツに働く。エリートタイプのワーカホリックである。常々、上司とのコミュニケーション（しばしばゴマすりすることを含め）を重視し、それを可能（「対面コミュニケーションが不可欠である」と考えている）にするためには、アゲインスト／アフターコロナをとおして市内に暮らし、「マンハッタンの本社に毎日通勤したい」と考えている。

②「この機会に仕事と家庭のバランスを考え直したい」というタイプ

子育て世代に多く、高密度なニューヨークを避けて郊外に移住し、「ゆったりした戸建て住宅に暮らすのも悪くないなぁ」と考えはじめている。週に1、2度、マンハッタンのオフィスに出社して上司や同僚とのコミュニケーションを維持するが、残りの曜日は、自宅の書斎からテレワーキングをする。熾烈な出世競争からはある程度の距離を置くが、「子育てが終われば(Empty-nester＝空になった巣になれば)、ニューヨークのコンドミニアムに移り住むのも悪くない」と考えている。

③プライベートライフの重視派

この機会に思い切ってサンベルト都市や西部の山岳地域にある中小都市に移住し、100％テレワーキングに切り替えるタイプ。このタイプは、「給与が30％カットされてもOKよ」と所得が減ることには拘りがない(そもそも投資銀行は給与水準が高い。移住先は家賃や生活費が安く、実質所得はニューヨーク勤務に比べて遜色がない)。「コロナ禍を、大自然と戯れる暮らしに切り替える機会にしたい」と考えている。

「創造階級論」のトロント大学教授R・フロリダも、この分類に近い考え方を示している。[注1]「子育て中の家族は、都心から郊外へ、さらにはその先の田園／山間地に引っ越す可能性がある。しかし、クリエイティブクラスは都市に残る」という。「都市の人口が減れば、一時的に家賃が下がる。そうなれば、高い家賃に不満を抱いていたクリエイティブクラスがスーパースター都市を離れる理由はなくなるし、安くなる家賃に惹かれて都市に戻ってくる若者もいる」とアゲインスト／アフターコロナの人口動態を読み解いている。そしてこの逆方向に向かう二つのベクトルの間の力関係は、「アゲインストコロナの時期が短期で終わるのか、あるいは長期化するのか、それ次第である」と指摘している。すなわち、コロナ禍のトラウマがどの程度深刻か、に影響される、という話である。

いずれにしても、今度のコロナ禍がテレワーキングの普及に追い風になることは間違いない。しかし、風は「微風」で、勤務形態を激変させる「突風」にはならないのではないか、と思われる。件の投資銀行に勤める知人が同僚とお喋りして得た感触――アゲインスト／アフターコロナにおける3タイプの勤務形態の話は、そのことを示唆している。また、実際のところその感触は、テレコミュニケーションの歴史が教えるところとも符合する。

未来学者のA・トフラーが情報革命を論じ、テレワーキングの夢を熱く語ったが[注2]、結局、「未来のお話」で終わり、それが20世紀に実現することはなかった。当時はモデムを電話回線に接続し、文字情報を伝送するという時代で、テクノロジーがテレワーキングを普及させるレベルに達していなかった。世紀末（１９９７年）に、『距離の死（The Death of Distance）』がハーバード・ビジネス・スクールから出版され、ベストセラーになった[注3]。副題は「コミュニケーション革命が暮らしを変える。距離はこれまでとは違ったものになる」。テレコミュニケーションの発達は、マンハッタンのオフィスで働くこととカリブ海の島にあるホテルから仕事をすることの間に違いをなくす、という意味である。著者は、「1990年に、インターネットについて知っていたのは限られた情報学者にすぎなかった。それが2000年には、世界で3億8千500万人がインターネットにつながっている」という。テレコミュニケーション時代が本格的な幕開けを迎える、という近未来学書だった。

しかし、その後、テレワーキングが急速に普及する、ということはおきなかった。むしろ、実際は逆に動いてきた。テレコミュニケーション分野のリーディング企業（グーグル、フェイスブック、ツイッター……）が世紀末前後に相次いで産声を上げ、西海岸に高度なハイテククラスターを形成した。新しい世紀を迎えると、今度はニューヨークに前進基地を構築した。そしてその後の20年間、マンハッタンを中心に凄まじい勢いで陣容を強化してきた。フィナンシャル・タイムズは、「ニューヨークが第二のシリコンバレーになる」と報じていた。しかし、ニューヨークでの、GAFAの陣容強化は、もっぱらオフィスフロアのリース、あるいはビルの買収をとおして行われてきた。ファイナンス企業を上回る規模とスピードでオフィスを拡張してきたのである。ニューヨークの都市史で最大規模の都市再開発になったハドソンヤードでも、ハイテクIT系企業が広大なフロアをリースした。

換言すれば、テレコミュニケーションの総本家は、この間、いずれもテレワーキングには関心が薄く、むしろ対面コミュニケーションを重視し、そのための場、すなわちオフィスの拡張に拘ってきたのである。[注4] そこで働くクリエイティブクラスを魅了するために、界隈のアーバンアメニティを増大させるエコシステムづくりにも熱心だった。実際、GAFAに勤めるクリエイティブクラスの間でも、ニューヨークを離れて郊外からテレワーキングする、というタイプは少なかった。

世界貿易センタービルがテロ攻撃されて倒壊した際（2001年）、「マンハッタンはアメリカ資本主義の牙城である。さらなるテロルの攻撃対象になる」という噂が流れ、グローバル金融資本が本社をハドソン川の対岸、ニュージャージー側に移転する、さらにはニューヨーク証券取引所もそれといっしょにニュージャージーに転出する、という話が持ち上がった。しかし、その後、グローバル金融資本が本社を移転することはなかったし、証券取引所がウォールストリートを離れることもなかった。実際におきたことは、マンハッタンはますます国際金融センターとしての地歩を固め、グローバル金融資本は頭脳部門をダウンタウンか、ミッドタウンに残し、さらに機能を拡充してきたのである。そこでのコミュニケーションは、基本的に対面形式である。

ハドソン川の対岸に移転したのは、コンピューターセンターなどのバックオフィスに限られた。移転の理由も、「マンハッタンの高い店賃を嫌って」だった。また、従来の証券取引所は、株取引をフロアで行なっていたが、それが完全にコンピューター取引に移管され、取引フロアは消えた。それでも証券会社がオフィスを縮小することはなかったし、むしろビジネス街にさらにオフィスを借り上げてクラスターを高度化するのに熱心だった。

以上の歴史を、冒頭の「ガムシャラに働く立身出世願望タイプは、テレワーキングを忌避し、マンハッタンのオフィスで働くことに拘る」という話と重ねて考えれば、「アフターコロナにビジネス活動の中枢、すなわち企画や経営戦略を担当する頭脳部局がリモートのテレワーキングに移管する、ということはおきない」という判断には妥当性がある。コロナ禍がテレワーキングの普及に追い風になるのは間違いない。しかし、「それは微風で突風にはならない」というのは、そういう意味である。

アメリカの在宅勤務の実態は

日本のある経済学者が新聞に、「米国では2016年に43％の労働者がテレワークを行った（米ギャラップ調べ）」と書いていた。[注5] それを読み、「凄い。アメリカでは、それほどの高率でテレワーキングが広がっているの?!」とびっくりした。それに対してコロナ禍の「日本では、2020年6月時点でも、業種による差はあれ、正社員の25・7％にとどまる（パーソナル総合研究所調べ）」と追記していた。言外に、「日本は遅れている」という示唆だった。それでも筆

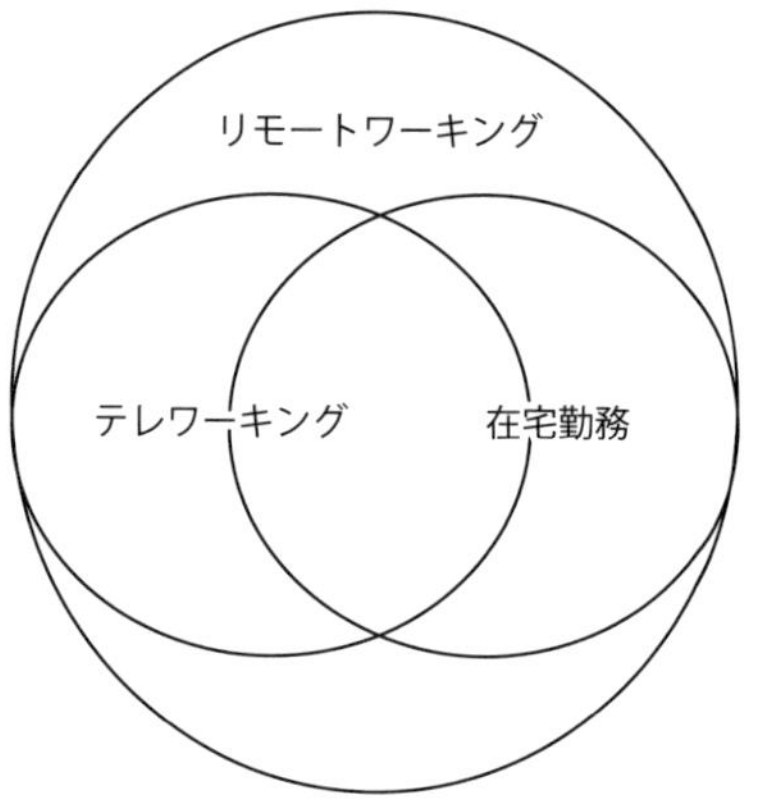

図５　リモートワーキング、テレワーキング、在宅勤務の関係

者は、「第1波コロナ禍の最中だが、日本でも$1/4$の正社員が……」とこちらの数字の多さにも驚いた。記事は、「テレワークはＩＴ（情報技術）を媒介にしてオフィス空間以外から協働する働き方である」と定義していたが、それ以上の説明はなかった。

記事では、ギャラップが、あるいはパーソナル総合研究所がテレワーキングをどのように定義してその実態を調べたのかを記述していなかった。「オフィス空間以外」での働き方については、テレワーキング以外にも「在宅勤務」「リモートワーキング」などの言い方がある。テレワーキングは、「ＩＴを媒介にしてオフィス空間以外」で働くことである。ズーム（Zoom）などを使って会議や打ち合わせをし、同僚と協働することがない場合も、データベースにアクセスしたり、顧客と電子メールのやり取りをしたりすれば、それもテレワーキングの範疇に含まれる。在宅勤務は自宅か、あるいはリゾート地か、いずれにしても勤め先のオフィス以外で働くことを指し、リモートワーキングである。しかし、シェアオフィスに通勤し、そこで働く場合には、リモートワーキングだが、はたして在宅勤務に含まれるだろうか。また、在宅勤務でも、ITを媒介にして働くことが必須か、と言えば必ずしもそうではない。パソコンを使わない職人的な工芸仕事があるし、在宅でできるオフラインの帳簿仕事もあり得る。したがって在宅勤務イコール、テレワーキングとはならない。

アンケートを実施する際、質問する側の定義を明確に示しておくことが大切だが、回答する側もテレワーキング、在宅勤務、リモートワーキングの違いを明確に意識して答えているかについては疑問が残る。

記事の著者が「米国では2016年に43％」と書き、「日本の25・7％」と比べたのは、「アメリカではテレワーキングがかなり普及している」ということをアピールする狙いからである。しかし、「43％」の意味も慎重に考えなければ誤解を招く。毎日のテレワーキングから週2回、あるいは毎月1回、さらには年間をとおして1回テレワーキングをした人までさまざまである。ギャラップ調査では、それらを合算しての43％という数字を示した可能性が高い。そこに注意を払わずに、単に「43％」と書くのは無用心である。

連邦労働統計局（U. S. Bureau of Labor Statistics）が仔細な「在宅勤務（Work at Home）調査（被雇用者対象）」を実施している。[注6] タテ軸に、年齢別、性別、人種別、教育レベルの違い、産業別、家族構成の違い、職階、フルタイム／パートタイムなどを並べ、ヨコ軸には、在宅勤務の頻度を「毎月1回未満」「毎月1回」から「週5日」までの間に7タイプを置き、それらをク

表2　アメリカのコロナ以前／以後の在宅勤務

（%）

	しない	週1日	週2～4日	週5日
2019年調査	90.3	3.4	2.9	3.4
2017-2018年調査	89.8	3.8	3.8	2.6

出典：上段はアトランタ連邦銀行、スタンフォード大学、シカゴ大学の調査。下段は連邦労働統計局調べ。回答者はいずれも被雇用者（正社員）

ロスしたデータを示している。それによると、コロナ禍前に「1週間に少なくても1日」は在宅勤務していた被雇用者（正社員）は、全体のおよそ10・2％。逆に89・8％が「経験がないか、めったになかった」。また、2017〜18年に「皆勤型（週5日）の在宅勤務」だった被雇用者は2・6％にすぎなかった。

アトランタ連邦銀行、スタンフォード大学、シカゴ大学が実施した「在宅勤務調査（「ビジネスの不確実性に関する調査」）」でも、連邦労働統計局と同じようなデータが出ている。[注7] それによると、2019年に「週に少なくても1日」の在宅勤務をした被雇用者（正社員）は9・7％だった（90・3％は「したことがないか、ほとんどない」）。業種別には、ビジネス支援（会計士や弁護士、コンサルタントなど）／情報産業／金融・保険で17・6％、教育／健康サービス（政府を除く）で9・1％、製造業9・0％、小売・卸4・1％、建設／鉱業／公益事業2・3％の人々が「週に少なくても1日」の在宅勤務を経験していた。

こうしたデータを調べると、新聞記事の「米国では2016年に43％の労働者がテレワークを行なった」ということの実態が、もう少し違った風景として見えてくる。

　アトランタ連邦銀行のグループが同じ調査で、「アフターコロナで在宅勤務をしますか（will）」という聞き取りをしている。それによると、73・0%が「まったくしないか（will not）、してもごくわずか（will hardly）」と答えていた。逆に「皆勤型（週5日）の在宅勤務をする（will）」と考えている人は、10・3%だった。10人に一人がフルタイムの在宅勤務を選びたいと思っている、というデータである。コロナ禍前は、週1日から週5日までの間で在宅勤務をしたことのある人が9・7%だったが、アフターコロナでは、そうしたいと考えている人が27・0%に増える。確かにコロナ禍は、在宅勤務の普及に追い風になる。

　別の調査（シカゴ大学のグループ調べ）によると、「アメリカでは、全仕事の37%でリモートワークが可能である」という。[注8] しかし、この37%は、生産性、効率性を考慮せずに弾き出された数字で、むしろ「「リモートワークできる」の上限」を指している、という。「コロナ禍は、この20年間、ゆっくりにしか普及しなかったテレワーキングを後押しし、企業もテレコミュニケーション投資を増やす。しかし、リモートワークが対面コミュニケーションの職場と同じ生産性を維持できるかはまったく不透明である」とマンハッタン研究所上級研究員のM・ミルスは考えている。実際、同じ生産性を維持できる、あるいはさらに向上するならば、コロナ禍前にもっと普及していたはずだが、歴史は逆で、「ＩＢＭは２０１７年にＷＦＡ（Work From Anywhere：

どこからでも働ける）プログラムを断念していた」とミルスは言う。そして今度のパンデミックでも、アマゾン・ドット・コムはオフィスの拡張に走っているし、フェイスブックCEOのM・ザッカーバーグが「生活費の安いところからリモートワークをしたいのならば、給与カットも考えなければならない」と話していることを紹介し、「GAFAでさえ、テレワーキングにのめり込むという状況ではない」と指摘している。

だれが都市から逃げ出したのか

ニューヨークが都市封鎖をしていた時期に、ニューヨークタイムズが「マンハッタンが空っぽになった」というニュースを流した。[注9] セントラルパークの東側、西側、ミッドタウンのイーストサイド、ダウンタウンのソーホー、さらにはブルックリンハイツやパークスロープ界隈では、昼間でも人影がまばらになった。夜半になっても、窓辺の明かりが灯らない風景がニューノーマル（新常態）になっていた。スーパーマーケットやドラッグストアなどを除き、レストラン、カフェ、一般の小売店も店仕舞いし、街が物騒になった。こうした街区はいずれも、中の上以上の中間所得階層が暮らす裕福な地区である。高学歴、高所得の、白人裕福層の比率が圧倒的に高い。住民の世帯所得の平均が10万ドル以上、⅓が20万ドル以上稼いでいる。加えてコロンビア大

表3　だれがニューヨーク市から脱出したか？

	住民の25%以上が脱出した地区	それ以外の地区
人口	80万人	760万人
人種構成		
白人	68%	28%
ヒスパニック／ラティーノ	12%	31%
黒人	5%	24%
アジア	13%	14%
中間世帯所得	119125ドル	60521ドル
家賃（中間値）	2223ドル	1414ドル
大卒以上比率	76%	33%

出典：2020年3月1日から5月1日に住民が市外に脱出した地区、それ以外の地区の人口動態など（New York Times, May 15, 2020）

学、ニューヨーク大学、ニュースクール（大学）などが立地しており、大学生が親元に帰郷し、「空っぽ」を加速した。ニューヨークタイムズは、「そうしたところでは、住民の40％以上がいなくなった」と伝えていた。

ニューヨークタイムズによると、「3月1日～5月1日の間に市民の5％に当たる42万人がニューヨークから脱出した」。隣接する郊外（裕福な郊外都市が連なるウエストチェスター郡）、あるいは州境を越えてコネチカットのフェアフィールド郡（「ゴールドコースト」と呼ばれ、金持ち都市が連担している）、そしてニュージャージーの郊外が逃げ先になった。引っ越し会社（FlatRate Moving）によると、3月15日から4月28日にかけてニューヨーク市内からコネチカットへの引っ越しの受注件数は、前年同期比74％もの増加を記録した。[注10] 同じ時期に、ニューヨーク市内からフェアフィールド郡内へ、郵便の受取先の変更が1千465件あったという。近隣郊外に止まらず、フロリダのパームビーチやキーウエストなどのリゾートタウン、西部山岳地域のコロラドスプリングスやアスペンなどの景勝地に転出した家族もいた。引っ越す先でアパートを借りるか、借家するか、もともと週末用や長期バカンス用のセカンドハウスを持っているか、いずれにしても一時逃避に痛痒を感じない富裕層である。退職したり、転職したりして移住した人もいたが、おおかたは移住先からのテレワーキングに切り替えたのである。

地元紙のヒューストン・クロニクルが記事「ニューヨークだけではないよ――ヒューストンからの都市脱出報告」を掲載していた。[注11] ニューヨーク、サンフランシスコ、シアトルなどのスーパースター都市に限らず、スーパースター都市からの移住先になっていたサンベルトでも、「都市脱出がおきていた」というニュースだった。[注12] 伝統的にサンベルトの政治風土はリバタリアンである。政府の規制に反発する気質が強く、コロナ禍でも経済活動の規制が遅れ、ヒューストンでは、初夏のころにはパンデミックをおこした。そして、医療崩壊が指摘されていた。記事によると、コロナ禍前にも、ヒューストンから南に150キロ弱のところにあるカレッジステーション（人口9万3千人）とその周辺には、移住者が多かった（2017年、3千800人）。それがコロナ禍の6月には、「住宅の販売件数が前年同月比17％も増加した」。ヒューストンの交通渋滞は酷い。それにコロナ禍が追い討ちをかけてヒューストンからの脱出に拍車がかかった、というのである。カレッジステーションには、有力大学のテキサスA&M大学がある。文化機能やスポーツ施設が整備されているし、お洒落な商業集積もある。移住者は、ここからヒューストンの勤め先へのテレワーキングに切り替えたのである。

ニューヨークの、空っぽになった地区の話題からも分かるように、マンハッタンの高密度を避けて郊外に逃げ出したのは、職種的にはIT系やファイナンスなどに勤める人々である。アトランタ連銀などの調査からも、それが浮き彫りになる。ビジネス支援（会計士や弁護士、コンサルタントなど）／情報産業／金融・保険では、43・4％がアフターコロナには「週1日以上の在宅勤務になる（will）」と答えていた。この業界では、企業側がテレワーキングに比較的前向きなことも、この高い数字の背景にある。

IT系では、フェイスブックの場合、2021年7月まで従業員が在宅勤務か、オフィス勤務かを選べる。[注13] 在宅勤務を希望すれば、パソコン作業を進めやすいように大型スクリーンなどの購入を支援する（上限2千ドル）。グーグルも、2021年6月まで在宅勤務を認める方針を示した。ツイッターは期限を決めず、恒久的に在宅勤務を認める方針を示している。ただ、同じIT系でも、アップルやマイクロソフトは、全社的に在宅勤務にシフトすることにむしろ消極的である、と伝えられている。IT系でも、モノづくりをする企業とそれ以外のIT企業の間では、ビジネスカルチャーに違いがある。対応の差に、企業文化、あるいは産業文化の違いがにじみ出る。

おもしろいのは、テレワーキングになった時に、自転車通勤者の91％が「通勤時間がなくなると、なにか喪失感を抱く」と答えていた。それとは対照的に車で通勤している人の55％は、「通勤の楽しみが失われる、という感じはない」と答えていた。[注14]自転車通勤は爽やかだが、車通勤の場合は、「車に1時間以上閉じ込められてノロノロ運転を強いられている。テレワーキングに移行してラッシュアワーの苦痛から解放されたい」という気持ちが反映している。

在宅勤務の普及を決める環境

コロナ禍は、テレワーキングの活用を通じて働く時間と場所の多様化を促した。在宅勤務をすることで朝夕往復2時間の通勤時間を節約でき、それを仕事に振り向ければ生産性がアップする。家族との団欒に使えば暮らしの質が向上する。そしてなによりも、電車通勤にせよ、車通勤にせよ、混雑するラッシュアワーを避けられれば、体力を無駄に消耗しなくてすむ。通勤に当てていた時間の1部を、公園をウオーキングしたりジョギングしたりすることに使えば、健康増進につながる。家で音楽を聴き、近所のカフェで読書に耽る時間に当てることもできる。コロナ禍では、そうした体験をした人も多い。

「どこで働いてもよい」という会社の方針が示されれば、地方に移住したり、海外に転出したりする人々も出る（ニューヨークの件の投資銀行では、実際、「ラスベガスに移住し、そこからテレワーキングをします」という従業員がいる）。高齢の親がいる故郷に戻り、そこからテレワーキングをすれば、親の介護もできるようになる、と考える人もいる。さらに企業内の国際化が進めば、製造業以外でも外国人を現地で採用し、テレワーキングをとおしてそのまま採用先で働きながら本社勤めをする、ということも可能になる。

半面、生産性に関しては、「対面コミュニケーションには、テレワーキングでは代替できない価値がある」ということを再確認し、アフターコロナには、元のオフィスワーキングに戻ることを決めた企業がある。同じ理由でオフィスに戻ることにした個人もいる。何気ないお喋りで生まれる「インプロビゼーション（即興的な思い付き）」や「暗黙知の伝達」には、遠隔通信では得られない性質のアイデアや情報がある。そうした考え方を重視すれば、「オフィスに戻る」という判断になる。暗黙知やインプロビゼーションが技術革新や人材育成の現場では重要である、と考えれば、テレワーキングに対する過度の期待は戒めなければならない。会議前の綿密な擦り合わせなども、会議を円滑に進めて有意義な結果を得るためには大切なプロセスである。「それをテレワーキングで代替することには限界がある」ということを体験した人も多くいる。

ランチや骨休めの喫茶店、「アフター5」の居酒屋の付き合いを通じて生まれる人間関係（上

表４　現在、在宅勤務者の中で在宅勤務に前向きの人の聞き取り

		強くそう思う	まあまあそう思う
プラス評価	在宅勤務は日中の時間の節約になる	43	35
	在宅勤務はオフィスより心地がいい	41	30
	在宅勤務は健康にもっと気配りできる	31	39
	在宅勤務は家族とのつながりを増やせる	33	34
	在宅勤務は日常を良い方向に改善している	27	37
	在宅勤務は仕事の質を向上させた	21	34
マイナス評価	仕事と暮らしの区別が難しくなる	27	47
	在宅勤務は職場の仲間との関係が希薄になる	24	34
	在宅勤務は孤立感、寂しさを増す	16	28
	在宅勤務ではオフィスほど集中できない	17	26

出典：Morning Consultant 調べ。STREETBLOG USA. 7/1 2020

司と部下、同僚の関係）は、良し悪しはあるが、いずれにしてもテレワーキング一筋では構築できないネットワークである。そこで行われるフランクな情報交換が大切だし、「まあ、そこで上司の悪口を言い合って憂さ晴らしをし、明日の活力につなげる」という考え方もある。テレワーキング1本では、「会社」への帰属意識が薄くなる。また、在宅勤務は、仕事と私生活の境界が曖昧になり、「燃え尽き症候群をおこす」「メリハリがなくなってかえって生産性が低下する」などの声も聞かれる。人事制度や評価制度の見直しも必要になる。少々、怖い話も聞いた。テレワーキングに移行した社員が給与

の一部を使って仕事を途上国の会社に外注していたことがばれた、という話だが、逆にテレワーキングが可能な仕事ならば、会社側が社員を簡単にレイオフし、業務を外注に切り替えてしまう、ということもおきる。

結局、コロナ禍のテレワーキングを経験して得られた結論は、当面、テレワーキング（遠隔コミュニケーション）とオフィスワーキング（対面コミュニケーション）は「補完関係」にある、ということではないか。[注15] どちらが「主」でどちらが「従」になるかは、業態や職種、家庭の状況、その人のIT関連知識をどの程度習得しているか、そして個々人の嗜好が決めることになる。

従業員がオフィスで仕事を最初に始めたのは1822年で、ロンドンの東インド会社だったという。[注16] 以来、資本主義の発達とともにオフィスはタテに高くなり、ヨコに広くなり、その機能も高度化してきた。それまでは、都市で最も高く大きな建物は、ドームに尖塔を掲げた大聖堂だった。それが、以降、高さと規模でオフィスビルが大聖堂に勝り、オフィス街が形成され、都市空間を圧倒的に支配するようになった。そのオフィスが、そして都市の「かたち」が、コロナ禍を経験して大きく変容するか、という話だが……。パンデミックの歴史を振り返ると、「アフターコロナに、コロナ禍前の都市の「かたち」が激変（スーパースター都市が衰退）するということはおきない」。そう考えるのが妥当である。[注17] ペスト、コレラが蔓延した時には、ヨーロッパ、アメリカの都市は人口を激減させたが（死者、および田舎に逃げた人々）、その後は人口を取り戻し、パンデミック前よりも、より強固な都市の「かたち」になった。それはスペイン風邪の時も同じだった。アメリカでは、スペイン風邪を過ごした後、「狂乱の20年代」を迎え、産業活動から消費活動まで都市文明は繁栄を謳歌した。

今度のコロナ禍でも、ニューヨークなどのスーパースター都市から郊外に逃げ出す人々がいた。シェアオフィスのウィーワーク（WeWork）は、「三密」を避けるために契約を解消するフリーターなどが続出し、経営が悪化した、というニュースもあった。しかし、市場では、「アフターコロナには、ウィーワークの人気は間違いなく復活する」という読みが多い。実際、「自宅は2LDKで、子供が二人いるので在宅勤務は難しい」というタイプのビジネスマン／ビジネスウーマンや、あるいは「本社への通勤は週2、3度にし、ほかの日はシェアオフィスで働きたい」――などのニーズに対応し、郊外の鉄道駅近隣にシェアオフィスを本格的にチェーン展開する方針を打ち出した不動産デベロッパーがある。[注18]

アメリカでは、コロナ禍をチャンスと捉え、大都市から逃げ出す人々の受け皿になることを目指す地方都市も出てきた。穀倉地帯にあるオクラホマ州の人口40万人のタルサは、その一都市である。「タルサからリモートワーキング（Tulsa Remote）」プログラムを、デジタルノマド（恵まれた職住を求め移動を繰り返すIT系のプロフェッショナル）を対象に2018年からはじめていた。[注19] タルサに移住し、少なくても1年間居住すれば、1万ドルを助成するプログラムである。パンデミックになってからはキャンペーンを強化し、ＩＴ系に限定せず、どの分野で働く人でも、当座、２５０人を目標に誘致することになった。ジョージア州の、歴史的街並みの美しいサバナ（人口14万5千人）は、市のサバナ経済開発局が「サバナ技術者優遇政策（Savannah Technology Workforce Incentive）」に着手し、ハイテク移住者を対象に2千ドルまで引っ越し費用を負担するプログラムを用意した。また、会社ごと移転し、サバナでの雇用拡大に貢献すれば、10万ドルまで支援する。カンザス州のトペカ（人口12万5千人）の場合は、移住して賃貸に暮らす人には1万ドル、住宅を購入するか、中古住宅を買って修復する移住者には1万5千ドル支援する。

コロナ禍の東京や大阪では、ビジネス街でオフィスの空き室率が急上昇している、というニュースがあった。とくにスタートアップの、ＩＴ系のスモールビジネスが多い渋谷でオフィス離れが顕在化し、スタートアップが主に入居する中小ビルでは、空き室率が３％台（7月）に急上昇していた。[注20]では、アフターコロナになっても、スーパースター都市にあるビジネス街の地盤沈下が続き、オフィスの空きが埋まらず、立地に恵まれたシェアオフィスも苦戦し続ける——という状況が続くだろうか。そうはならないと思う。スペイン風邪の時を含めてスーパースター都市は、これまでも都市危機に幾度も直面しながら、その後、急回復した。確かにその時代とは、今般はコミュニケーション技術に格段の差がある。しかし、そのことを考慮しても、スーパースター都市の「かたち」には十分な復元力が内在している、と考えるのが正しい。

他のところで触れたが、ジェントリフィケーション（地区の「改善」）を説明するのに差額家賃説がある。建築環境から資本の撤収がおき（建物が空き、荒廃しても修復投資をしない）、それが近隣を巻き込みながら広がり、ある水準まで家賃／店賃が下落すると、今度は相対的に安くなった賃料に投資機会を見出し、資本の回帰がおきる、そして地区全体の「改善」につながる――ジェントリフィケーションがおきるプロセスである。この差額家賃説に沿って考えれば、スーパースター都市のビジネス街（マンハッタンのダウンタウンやミッドタウン、あるいは丸の内や渋谷）にあるオフィスの賃料が十分に下がった時に、それが賃料暴落に向かって悪循環をおこす可能性は少なく、逆に目ざとい資本がそこに投資機会を見出して必ず舞い戻るはずである。

実際、20世紀末のドットコムバブルの時も、マンハッタンのシリコンアレーでは、バブル崩壊後、しばらくしてＩＴ系のスタートアップが戻り、それ以前の規模のＩＴクラスターを形成するようになった。同じように渋谷でも、ビットバレーがバブル崩壊を経験したが、その後、国内トップのスタートアップ集積地として返り咲いた。

都市が創造性を発揮するのは、人間が社会的な存在であり、多様な人間が寄り添い、集積し、そこで双発するつながりをとおしてである。そのつながりには、対面コミュニケーションの場が不可欠になる。その事実は、都市の歴史が示してきたところである。ＩＴ革新がおき、テレコミュニケーション技術が進展し、今度のコロナ禍はテレコミュニケーションを後押しするが、テレコミュニケーションがオフィスワークの根幹を代替するというようなことはおきない。

したがって本章の結論は、

①アゲインストコロナの時期には、スーパースター都市から企業や働き手の脱出がおき、オフィス賃料が下落する。しかし、都市の優位が崩れるということはない。アフターコロナの時代には、しばしばそれ以前よりさらに強力な都市の「かたち」を示して復活する。

②ＩＴ革命によってテレワーキングの可能性が生まれた。コロナ禍はその追い風になるが、アフターコロナに向かっては「微風」で「突風」にはならない。

③コロナ禍を経験し、これまでのようにスーパースター都市のビジネス街へ毎日通勤するスタイルから分岐し、(1)週の幾日かを在宅勤務する、(2)郊外の私鉄沿線のシェアオフィスに通勤する、(3)地方都市に移住してそこから完全なテレワーキングをする、などの選択が可能になる。すなわち、勤め方の時間と場所に変化がおき、働き方が多様化する。

④時間と場所の選択は、業種、職種、それぞれのＩＴ知識のレベル、家族関係などさまざまな条件によって行われるが、ビジネス活動の中枢、すなわち企業の頭脳部が、スーパースター都市にある本社から外に転出する事態はおきない。

「ワーケーション」が話題になった。仕事（work）と余暇（vacation）を組み合わせての造語で、休暇先で働く形態を指している。長期休暇が普及しているヨーロッパ、アメリカでは、夏のバケーションシーズンに1ヵ月休みを取り、旅先で時々仕事もこなす、というスタイルが広がった。しかし、せいぜい1週間の連続休暇しか取れない日本の労働文化には、長期のバケーションは馴染まなかった。コロナ禍をきっかけに有給休暇を1週間、その前後のいずれかにテレワーキングを1週間、合計2週間をリゾート地で過ごせる、というようなことができるようになれば素晴らしい。その場合、ホテル代の支払いが嵩むことが障害になるが、実家で1週間、ホテルで1週間などの組み合わせが必要になる。しかし、それも可能なのは、一部上場企業のうちでも大企業、あるいは先駆的な経営スタイルに強い拘りを持つトップがいるIT系企業などに限られる。

5章　シェフは帰ってくる
――小売・飲食店の再浮上先

商店街、ショッピングセンターに大打撃

パンデミックに襲われた世界の都市は、ロックダウンを余儀なくされ、在宅勤務を強制された。街では、エッセンシャルビジネス（食料品店や薬局）を除き、小売店、レストラン、カフェ、それに理髪店／美容院、スポーツジムなどのサービス業が長期の休業に追い込まれた。ロックダウンが解除された後も、営業時間や営業スペースが制限され（入店客数や客席数、飲食店については屋外営業に限るなど）、苦しい商売が続いた。その間、店賃や従業員の給与を払えないなどの理由で廃業を決めた零細商店（英語ではMom-and-Pop store）や飲食店が多く出た。スーパースター都市の繁華街でも、空き店舗が続出し、「商店街の死（Death of Commercial Street)」などと言われる悲惨な状況になったところもある。そうしたところでは、ショーウインドウに貼り付けられたベニア板にペンキでグラフィティ（落書き）が描かれ、さらに荒涼とした街路風景になった。

アメリカの都市がパンデミックに襲われたのは3月以降だが、それから半年が経過しても、ニューヨークやサンフランシスコなどではコロナ禍からの戻りが遅い。東海岸都市に遅れて感染が爆発した南部のサンベルト都市では、ロックダウンと規制緩和が繰り返され、同じように小売業／飲食業が四苦八苦の窮状にある。

ニューヨークでは、街路樹が秋色に変わりはじめた10月上旬になっても、マンハッタンのオフィス街（ダウンタウン、ミッドタウン）では、（ちょうど自粛要請時の東京のビジネス街の風景そのままの）賑わいを欠いた閑散とした状態が続いていた。在宅勤務が続き、郊外に逃げた裕福層が戻っていない。ロックダウンは解除されたが、マンハッタンに戻ってきたホワイトカラーはコロナ禍前の10％未満にすぎない。年末までに戻るのは¼以下、２０２１年夏でようやく半分にすぎない、という悲観的な見方もある。

ブロードウェイの劇場街には、ツーリストがいない。興業を休む劇場が多く、チケットを売るボックスオフィスは窓を閉じたままである。夜間、煌々と点滅する色鮮やかなネオンサインがかえって侘しさを増幅させる。ビジネス出張がなくなり、ツーリストもいなくなってホテルも経営が苦しい。タイムズスクエアに近い老舗ホテル、ヒルトンホテルが閉店に追い込まれた。当面、開業の目処はない。中小のホテル、エアビーアンドビー（Airbnb）は軒並み閉業している。郊外からの通勤電車が入って来るグランドセントラル駅やペンシルベニア駅にも、いつもの賑やかさがない。

ニューヨーク市監査官が「苦境に直面する商店街」に関する報告書を公表した。それによると、ニューヨークでは、コロナ禍が過酷だった3月1日から7月10日におよそ2千８００件の小規模ビジネスが閉業に追い込まれた。うち飲食店が1千２８９店、小売店が８４４店。また、6月下旬までに市内で75万8千人が職を失ったが、飲食関連で18万7千人、小売業で7万1千人が解雇された。この時期に失業した人の34％が両業界の労働者だったことになる。また、「2020年末までにマンハッタンの⅔のレストランが廃業する可能性がある」という調査報告もある（年末までに7千700店の小売店と飲食店が店仕舞いする、という予測もある）。[注1]

店賃を払えないことが、閉店、さらには廃業に追い込まれる最大の理由になっている。情報通信ハイテク企業がクラスターを形成し、ニューヨークがスーパースター都市に上り詰めた2010年代に、店賃が高騰し、「賃料を払えない！」と悲鳴を上げる飲食店や小売店が続出していた。コロナ禍は、その苦境に追加の打撃になった。3月以降、ロックダウンで営業できない日々が続き、ロックダウンが明けてもカフェやレストランは店の外にテーブルと椅子を並べて辛うじて客を取る、という惨めな状態が長く続いた。レストラン、カフェ、ナイトクラブの87％が8月の店賃の全額、あるいはその一部（家主が支払いの一部を猶予）を支払えなかった。[注2]

苦境に追い込まれ、閉店したり経営破綻したりしたのは、小規模小売業／飲食店に限らない。買い物に行かない、飲食に行かない、もっぱら在宅し、ネットで消費需要を賄うというライフスタイルが恒常化した。そのためショッピングセンターに核店舗として入店し、チェーン網を広げていた量販店のJ・C・ペニー、高級百貨店のニーマン・マーカスなどが破綻した。中級百貨店のメーシーズなども、多くの支店を店仕舞いした。専門店／外食店が100店以上ある郊外の大規模ショッピングセンターも、核店舗が閉店してしまえば、航空母艦を撃沈された連合艦隊のようなものである。ショッピングセンター自体がたちまち廃業に追い込まれる。郊外のあちらこちらから、「ショッピングセンター葬送の曲」が流れる時代になった。[注3]

ショッピングセンターやスーパースター都市の目抜き通りに店舗展開していたジェイ・クルーやブルックス・ブラザーズなどの高級専門店が相次いで破産し、身売りなどした。それまでも、アマゾンなどの価格破壊型の、eコマース系の安売りビジネスに市場を侵食されて生き残りに苦戦していたが、今度のコロナ禍で受けた痛打が致命傷になった。鞄／靴／衣料のケイト・スペード、衣料のギャップ、化粧品／ランジェリー／アクセサリーのヴィクトリアズ・シークレット、パン／カフェの ル・パン・コティディアンなども、ニューヨークの一等地にあった旗艦店を含めて幾つかの店舗を閉店した。[注4] こうした高級専門店の顧客は、半分が海外からのツーリストである。また、マンハッタンの5番街で100年の歴史を誇った老舗百貨店ロード&テイラーが核店舗になっていたビルを、アマゾンが買収し、「時代の変化を象徴する話題」としてニュースになった。サンドイッチチェーンのサブウェイなども店舗の統合に動いている。

アフターコロナを悲観する

こうした状況を悲観的に捉えてニューヨークの大衆紙ニューヨークポストは、「ニューヨークはもう終わりだ（New York is dead forever）」という表題の記事を掲載していた。[注5] 記事は、コメディクラブのオーナーでヘッジファンドマネージャーだった資産家が、「以前は、マンハッタンのどこの街角にもおもしろい店があった。友達もいたし、人生のチャンスもいっぱいあった。それが今は、なにもなくなってしまった。「完全に終わりだよ。サヨウナラ、NYだね！」」と嘆き悲しむコメントを載せていた。

また、ニューヨークタイムズは、「悩ましい疑問――それでもなお、ニューヨークは甦る価値がある？」と問い掛ける記事を掲載した。[注6] パンデミックの間に42万人のニューヨーカーが郊外に、あるいは州外に逃げたと言われるが、記事は市内に残っていた人々にインタビューし、「これから引っ越すか、それともこのまま暮らし続けるか」を尋ねていた。そしてこれからもニューヨークに残り続けることに疑問を抱いている人が、「劇場も、ギャラリーも、行きつけのカフェも閉まってしまった。いつ再開するか分からない。それでもニューヨークの暮らしに拘る理由はある？」と自問する様子を紹介していた。

前述したニューヨーク市の監査官報告書は、「エスニックの飲食店や小売店が並ぶ商店街こそ、グローバル都市ニューヨークの魅力になっている」と述べ、「その商店街を救済することがニューヨークの再生にとってきわめて大切である」と指摘していた。そうした小規模ビジネスは、質、量ともに「グローバル都市ニューヨークの経済、そして都市文化」を支える基盤になっており、その劣化は、「ニューヨークが復活するための踏み台が脆弱化することを意味する」という論調だった。監査官報告書によると、ニューヨークの小規模ビジネスは、その70％が海外生まれの移民か、その二世経営である（サンフランシスコ湾岸の、シリコンバレーの中心都市サンノゼでも、飲食店を含めてスタートアップの60％は移民が担っている）。

ニューヨークタイムズの記者が、記事（表題「市内の⅓の小規模ビジネスが消滅しかねない」）を、ブルックリンの、カリブ海系のエスニックカフェが店賃を払えずに廃業する話から書きはじめていたが、記者が監査官報告書と同じく、エスニック経済の衰退に危機感を抱いていることを示唆していた。[注7] 記事は、続けてマンハッタンのアッパーウエストサイドにあったNPO（the Book Street College of Education）が経営する老舗の書店（店売りが売り上げ全体の90％）が店仕舞いする話題を紹介していた。この書店は、研究者、大学生向けの専門書、教養書などを広く扱っており、コミュニティの文化基地になっていた。ここでも記事は、小規模ビジネスの縮退を、都市文化の劣化に結び付けて語っていた。また、フィナンシャル・タイムズも、全面2ページの紙面を割いてコロナ禍に襲われ、危機に直面するアメリカの小規模小売店を特集していた。[注8]

アフターコロナを悲観する見方は、ニューヨークを逃げ出した人々が、それが在宅勤務であれ、市外への引っ越しであれ、しばらく戻って来ない、ということを前提にしている。あるいは国内からも海外からも、出張者、観光客が来ない状態が長く続く、と考えている。

アフターコロナを楽観する

コロナ禍は、「人間と自然」「権力と規制と自由」「利他とは?・」など人間や社会について根底からの問い掛けをしたが、世界の、とくにスーパースター都市の「かたち」に対しては、「構造的な危機」ではなく、あくまでも「衝撃(ショック)」である。ニューヨークについて考えれば、1970年代のニューヨークの都市危機は、脱工業化と郊外化がつくり出した「構造的な危機」だったが、今度の危機は、むしろ「9・11(世界貿易センタービルなどへのテロ)」と並べて考えるべき危機である。[注9] 病に喩えれば、慢性疾患ではなく、急性疾患である。当然、「衝撃」であるから都市の「かたち」、そして人々の意識にトラウマは残る。しかし、トラウマは時間が癒すはずである。

ニューヨーク、サンフランシスコとその湾岸都市、シアトル、ワシントン、ロサンゼルスなどは、情報通信ハイテク、ファイナンス、ライフサイエンス、映像、グローバルツーリズム関連産業が盤石のクラスターを形成し、それゆえに「スーパースター都市」と呼ばれるようになった。産業の基礎体力が、それが劣化して都市危機に陥った１９７０年代のニューヨークとは基本的に違っている。そうしたスーパースター都市は、「9・11」の時がそうだったように、今度の「衝撃」からも、一般に考えられているよりも早く立ち直り、それも力強く回復するに違いない。その意味でスーパースター都市は、決して軟弱ではない。

楽観論は、家賃／店賃が下がれば（re-pricingと呼び、投資に見合うところまで賃料が低下すれば）、必ず新たな投資がはじまる、と考えている（差額家賃論、筆者もその説に立脚している）。パンデミック前にスーパースター都市の高い家賃を嫌って郊外に、あるいは他州に逃げていたヤングプロフェッショナルが家賃に値ごろ感が出て来れば、あるいはコンドミニアムの売値が下がれば、きっと戻って来る。同じように店賃が下がれば、小売店も飲食店も、新装オープンする。確かにそれは、パンデミック前とは別の経営者だったり、シェフだったりするが、そうした新陳代謝をとおして街は変わるものである。それは良し悪しの問題ではなく、街の転生は、都市に通底する摂理である。むしろ、賃料の下落が大きければ、その反転するエネルギーも大きく、激しいジェントリフィケーションを再び引きおこす。

すでにブルックリンでは、その気配がある。8月の住宅取引件数は、前年同月比38・7％の急増だった[注10]（２０１９年3月以来の高取引件数を記録した）。マンハッタンの高額不動産に対する値ごろ感からブルックリンで不動産の買い注文が増えており、取引価格自体も、コロナ禍前に比べて目立った値崩れをおこしていない。このニュースを報じた記事は、「投資資金がニューヨークの長期的な展望については楽観的な見方をしている証左である」と分析していた。

マンハッタンでは、晩夏のころから、それまで在宅勤務を推奨していたGAFAのグーグルやフェイスブックなどの間で従業員がオフィスに戻る動きが観察された。[注11] また、J・P・モルガン・チェースなどのファイナンス分野でも、夏のバケーションシーズンが終わったころを境に、幹部社員に対して「ウォールストリート、あるいはミッドタウンに戻るように（work-from-office）」という呼びかけがはじまった。「地下鉄の車内がきれいになった！」「清潔になった！」と評価され、今後、「地下鉄の復活とオフィス街の再活性化が同時並行して進む」という見方もある。

街のほうにも、少しずつだがコロナ禍前に戻る動きがある。州政府は、9月30日以降、レストラン、カフェなどの店内営業を条件付きで認めた。[注12] また、市政府は、歩道や車道の一部にテーブルを並べて屋外ランチ／ダイニングを提供するのを、今後、恒久的に認める方針を打ち出した。コロナ禍前にも、リトルイタリーなど一部の地区ではそうした風景に出合うことがあったが、今後は路上レストランがもっと一般的なストリートスケープになり、ニューヨークのアーバンアメニティの向上に大きく貢献するようになる。[注13]

アフターコロナを楽観している人々は、治療薬やワクチンの使用に目処が立てば、スーパースター都市は「一気に甦る」と考えている。ブロードウェイの劇場街、美術館や音楽ホールなどニューヨークが誇る文化クラスターにも、ツーリストが戻る、と期待している。[注14]

アゲインストコロナ時の勝者

月末に送られてくるクレジットカードの請求書に記載された支払い先を年初のころと比べると、アゲインストコロナの時期に暮らし向きがどのように変化したか、それを如実に知ることができる。[注15] 百貨店、旅行代理店、レストラン、スポーツジムの支払いが消え、近隣のスーパーマーケット、ベーカリー、ドラッグストア、eコマースなどの利用回数が増えている。

アマゾンなどのオンライン小売業が業容を急拡大した。アメリカでは、オンライン・ショッピングの40%がアマゾン経由で、アメリカの家庭の50%がアマゾン・プライムの会員になっている。[注16] ウォールマートやターゲットなどの大型小売店も、この2年ほどの間にアマゾンに対抗してeコマース会社を設立してオンライン・ショッピングに力を入れている。今度のコロナ禍では、食料品などの得意分野だけでなく、日用品や家電などアマゾンの本丸にも踏み込み、オンライン小売り部門を強化した。eコマースは、この間、小売業でマーケットシェアを毎年1%ずつ拡大していたが、アゲインストコロナの時期には、前年までのシェア15％を25％に急拡大した。ステイホーム／ロックダウンの打撃を受けて小規模小売店が急速に縮減したのに対し、巨大小売資本は、逆にコロナ禍を追い風にして稼ぎ、小売市場の寡占化が急ピッチである。[注17]

コロナ禍の時期には、家にいる時間が長くなったことがあり、日本でも（食料品と日用雑貨を扱う）スーパーマーケットが売り上げを伸ばしたが、アメリカでもスーパーマーケットの業績が好調だった。とくにトレーダー・ジョーズやホールフーズ・マーケットなどの高級スーパーマーケットの健闘が目立った。これらの高級スーパーマーケットは、オンライン小売りも手掛けているが、店舗売り上げを確実に伸ばしている。この2社の店舗がある上層階のアパートの家賃は、周囲に比べて高い、という報告もある。[注18]そこでは、買い物の利便性が家賃に上乗せされている。オンラインで注文し、実店舗で注文品をピックアップする新業態も定着してきた。アマゾンはホールフーズを買収し、この新業態に挑戦して生鮮品の売り上げ確保を目指している。[注19]

人影がなくなったコロナ禍の街で頻繁に出会うようになったのが、飲食店の料理を配達する出前便（自転車か、自動2輪車でバックを背負うスタイルの、「ウーバーイーツ（Uber Eats）」「出前館」など）である。ロックダウン、あるいは営業自粛要請で店商売ができなくなった飲食店と「三密」を避けるために店での飲食を避ける消費者――そのニーズをつなぐビジネスとして伸長した。コロナ禍前に登場していたニュービジネスだが、世界の都市でパンデミックをチャンスに市場規模を急拡大した。

アメリカでは、ランチ時間のビジネス街にキッチンカー（フードトラック、ケータリングカーなどの別称がある）が列をつくって並ぶ。多民族・多人種社会のアメリカでは、キッチンカーでいろいろな国・地域のエスニック料理を楽しめる。また、ショッピングセンターやイベント会場にも、キッチンカーがお目見えする（日本でも、段々広がっており、脱サラ組の起業向けビジネスになったりしている）。ところが、アゲインストコロナの時期のアメリカでは、ロックアウトでオフィス街が空っぽになった。商機を失ったキッチンカーは、今度は郊外にビジネスチャンスを発見し、住宅地を巡回するようになった。

また、アメリカでは、ケータリング会社が、ビジネス街のシェアオフィス（WeWorkなど）やビックビジネスとタイアップして自前のランチを配達していたが、コロナ禍では郊外にあるアパート経営会社やコンドミニアムの住民組合などと連携し、郊外進出を本格化する動きも見られた。[注20] インターネットを活用して注文を取り、ランチだけではなくディナーも提供している。確かに日本でも、この間、郊外団地に進出するキッチンカーが出現した。コロナ禍は、こうしたニュービジネスがアフターコロナの時代に急成長するきっかけになる。[注21] アゲインストコロナの時期のアメリカでは、出前便、テイクアウト、ドライブスルーの売り上げが、初めて飲食市場全体の50％以上を占めるまで拡大したという。

出前サービスは食文化を変えるか

出前便

ニュービジネスには違いないが、従来からあった出前サービスが新しい衣を纏って登場してきた、というタイプのビジネスである。それ以前のアメリカやヨーロッパの飲食店に「出前」というサービスシステムがあったか、寡聞にして知らないが（博覧強記の南方熊楠がどこかで「日本にあるものは世界にあり、世界にあるものは日本にある」と書いていたが、人間は、所詮、同じことを考える）、日本では１９８０年代ごろまでは、飲食店の店員が自転車で出前をする風景はごく普通だった。蕎麦店の若旦那が10段重ねの蕎麦ざるを肩に載せて運ぶ姿は、下町の風情でもあった。当時、飲食店の出前は無料のサービスだったが、しばらくして２００～３００円の配達料を請求されるようになり、昨今は出前の注文を受ける飲食店は少なくなってしまった。人手不足やファーストフード系外食チェーン店との競争にさらされたことが影響している。その隙間を狙って「出前」それ自体を稼ぎの対象にするニュービジネスとして登場したのが、出前便である。

キッチンカーも屋台の衣替えである。アフターコロナの時代にも、在宅勤務が伸びていれば、朝昼晩の３食を自炊するのは億劫だから出前サービスやキッチンカーを利用して仕事の合間にランチをすませる、というライフスタイルが広がる。

食文化

出前便やキッチンカーの普及は、食文化にどのような影響を及ぼすだろうか。昔の出前では、ラーメンなどは箸をつけるときには麺が少し伸びているなどしたが、最近の出前便では、熱いものは熱いまま食べられるように運び方に工夫がある。しかし、実際に店先で眺めていると、注文した料理が調理し上がるタイミングと配達人が店にピックアップに来るタイミングの間にギャップがある。そこからさらに注文主のところまで自転車で宅配である。料理を口に運ぶまでには、それなりの時間がかかる。また、店舗デザイナーという専門職が発達したように、洒落た雰囲気の店で、たとえばシェフとカウンター越しに食事をするのと自宅で食べるのとでは、飲食することの意味に違いがある。出前便に向き、不向きの料理もある（ピザと中華料理が最も向いている、という報告がある）。アゲインストコロナの時期に出前便やキッチンカーの利便性を経験した人々は、アフターコロナの時代には、どのように飲食店を使い分けるのだろうか。

１９８０年代初めごろまでは、「アメリカの料理は不味い」というのが定説になっていた。なぜか、と考えていたら、オンラインジャーナルのアトランティックがおもしろい話を載せていた。[注22] アメリカでは、連邦政府が禁酒法を施行した時代（１９２０〜１９３３年）には、当然、レストランではワインなどは出せなかったし、家庭でも表向き調理の下味付けにさえ、酒類を使えなかった。それ以前も、州レベルでは禁酒法が繰り返して実施されていた。結果、禁酒法のもとでは、洗練されたレストランは連鎖して閉店する一方、残ったレストランのメニューは家族向け、すなわちファミリーレストラン風味になっていった。そしてホットドックやハンバーガーを売るキッチン・ディナー・カーが幅を利かすようになった、という。

ここからは筆者の見方だが、そうした時代が10年以上続き、大恐慌、そして「贅沢は慎め!」の戦時社会を迎え、戦後は家庭電化時代になった。中間所得階層の暮らしでは、「TVディナー(テレビを見ながら調理済み冷凍食品を電子レンジで「チン!」)」が普及し、それがアメリカ的生活様式(American way of life)になった。この間、当然のこととしてアメリカの食事文化は貧しくなった。(筆者は)1980年代にアメリカに暮らしたことがあるが、その時、不動産店から「アメリカ人はアジア系、とくに中国人には家を貸すのを嫌がる」という話を聞いた。その理由は、「中国人は家で油とフライパンを使った料理をする。キッチンが汚れるので嫌われる」ということだった。確かに、訪ねたアメリカ人家庭のキッチンは、ガスコンロも水回りもピカピカに輝き、きれいだったことをよく覚えている。料理をしないのだから、キッチンがきれいなのは当然だった。

しかし、そうした状況は、1990年代にすっかり変わった。アメリカ人がグルメになった。

最近はスーパースター都市にミシュランの星付きレストランが幾つもある。ニューヨークやサンフランシスコは、その軒数において世界のグルメ都市に引けを取らない。シアトル、ワシントン、ボストンなどにも上質のレストランが多くある。最近のアメリカでは、料理が芸術になり、「文化談義では、音楽ではなく、料理が主役になった」というほどである。

それがアゲインストコロナの時期には、食事の仕方が100年前の禁酒法の時代にタイムスリップしたかのようになった、と件の記事は書いている。しかし、美味しい料理を知ったアメリカ人が、アフターコロナの時代にウーバーイーツの出前する料理に満足するとは思えない。とすれば、出前便は、もっぱらチェーン系のファーストフードと中級レストランのメニューを対象に業容を伸ばすことになる。食文化の2極化が進む?!

日本ではどうだろうか。[注23]

アフターコロナの商店街の「かたち」

アゲインストコロナの時期には、大きなものは売り上げも雇用も増やしてより大きく、強固になったが、老舗の百貨店は破綻し、個人経営の小売店、小規模飲食店の多くが消滅し、買い物はeコマースで、飲食は出前便ですませるようになった。トランプは、コロナ禍対策を口実に新規移民をシャットアウトした。そのためエスニック系の起業が止まった。オンラインジャーナルのアトランティックは、「その結果、街は単調でつまらなくなり、暮らしは便利になったが安っぽくなった。また、ギグワーカー（低賃金の時給労働など）が増え、雇用構造は脆弱化した」と嘆いていた。しかし、同時に、「それは短期的なことである。長期的には、店賃が下がり、おもしろい革新的な人々、異人変人、アーティスト、そして卓越した若きシェフが戻る。そして街は甦る」と将来については楽観的である。荒廃の後には、きっと「都市のルネサンス」がはじまる、というのである。

コロナ禍前にアメリカでは、eコマースの市場占有率は、本と音楽で50％、家電40％、アパレル30％、家具20％、それに対して食料品では3％だった。生鮮品を中心に、食べ物は実店舗で購入されていた。それがアゲインストコロナの時期には、バーチャル店舗―オンラインで購入される食料品のシェアが2桁台に急伸した、と推定されている。[注24]ウォルマートやコストコなど郊外立地の安売りチェーン店（日本ではイオンなどのショッピングセンター、扱い品目を拡大するコンビニエンスストア）との競争に苦戦してきた近隣商店街が、コロナ禍を逆手に取って急拡大するeコマースに追撃された。

では、今後、その生き残りをかけたレジリエントな商店街の「かたち」はどのような形態か。それを考える（ニューヨーク5番街などの、スーパースター都市の目抜き通りについては別の議論があり得る)。コロナ禍では、⑴高級スーパーマーケットは、実店舗でも売り上げを伸ばしていた、⑵農家からの直売に人気があった、⑶ファーマーズマーケットは元気だった——などにヒントがある。また、小売店にはストア(Store)とショップ(Shop)がある。その違いに注目する。

「ストア」には、蓄え、貯蔵、動詞では保管する、貯める、の意味がある。メーカーがつくった製品を問屋(チェーン店ならば本部)から仕入れ、店の棚に並べて商いをするのがストアである。ブックストア、ドラッグストア、シューズストア……。ストアクロスズ(clothes)は既製服である。それに対して「ショップ」には、手仕事、(小さな)作業場などの意味がある。工房付き商店である。店の裏手に小さな製造場を持っているベーカリー、和洋の菓子店(confectionary)、惣菜店(deli shop, delicatessen)などがそれに当たる。ほかに調剤薬局(pharmacy)、生花店(florist:客の要望に添って花束などを工夫する手仕事がある)、精肉店(butcher)、仕立て洋服店(tailor)……。ショップは、ある種の職人仕事と縁があり、それぞれが個別の英語表記を持っている。ラーメン店もショップと記される(あれはレストランとは呼べないので、「麺工房」というイメージである)。

ストアは仕入れ値と売値の差額で稼ぐが、ショップは製造コストに付加価値を加えて稼ぐ。衰退著しい中心市街地商店街にあったストアは、郊外に進出した大型店やチェーン系のコンビニエンスストアとの競争に敗れ、その多くが廃業に追い込まれた。品揃えと価格競争では、大量仕入れ大量販売のチェーン店に敵わない。それに対して荒《すさ》ぶ商店街にあっても、ショップは郊外の大型店に対しても、インターネット通販のアマゾンや楽天などに対しても、健闘している。チェーン店などとは別の、個性的な付加価値商品を提供しているからである。そこには、職人仕事の輝きがある。

中心市街地商店街の活性化策——そこでは、生鮮3品に強い高級スーパーマーケットを誘致し、所々でショップが健闘している商店街の「かたち」をつくることが推奨された。ストアは、高級スーパーマーケットとショップにぶら下がるコバンザメ商法（買い物の途中で立ち寄る客を相手にする）である程度の商売ができる。アフターコロナの時代には、この商店街の「かたち」を創ることが期待される。15分コミュニティ（6章）の考え方と連携させて全体を構想するのもよい。

6章　15分コミュニティ論——アフターコロナの都市戦略

コンパクトな暮らし

コロナ禍の最中、ニューヨークでは「地下鉄が感染を拡散している」という地下鉄叩きの公共交通批判が飛び出した。それで地下鉄利用が激減し、鉄道経営が苦境に追い込まれた。それに対して「いや、車利用こそ、感染を爆発させる元凶になっている」という反論があった（3章）。アゲインストコロナの時期には、ステイホームが徹底され、公共交通は利用者が激減したが、同時に高速道路も市内のアベニューも、車の通行量が大幅に減少した。おかげで大気汚染が緩和し、まちにきれいな青空が戻った。「交通事故が減った」というニュースもあった。

　これまでも持続可能な地球環境の実現を追求してきた都市政府は、「このきれいになった青空を、アフターコロナの時代に継承したい」「以前の交通渋滞に戻るのは、真っ平ゴメン」と考えている。そうした都市政府からは、「公共交通批判が広がると、アフターコロナの時代には、車利用がアゲインストコロナの時期前のレベルに戻ってしまう。あるいはそれよりも、もっと悪い状態になりかねない」と心配する声が多く聞かれた。

　そうした心配は杞憂ではなく、実際、ステイホームが緩和されると、多くの都市で車の交通量がコロナ前の水準に戻りはじめた。ニューヨークでは、6、7月の車所有登録が2019年同月比で18％も増加した。[注1] それまでのニューヨークっ子は、「車を持っていない。運転できない」ということを、むしろ誇らしげに語るところがあった。リベラル派の多いニューヨークやサンフランシスコでは、「車の運転が下手なことが、かえってクール（カッコいい）」と思われるところがあった。ところが車販売が伸びているというニュースは、「そうした傾向に反転の兆し」という話題である。ニューヨークでは、車の所有率が低く、通勤は公共交通、歩き、あるいは自転車が普通だった。[注2] それが「公共交通は怖い」「パンデミックの時に移動できる選択肢をもう一つ持っていたい」という衝動から、車の購入が増えている。「逃避主義（escapism）」と呼ばれるそうした衝動が、都市の「かたち」を変容させる。ニューヨークも、そして世界のほかの都市政府も、アフターコロナの時代にそうした変容がおきることを危惧している。

持続可能な地球環境を追いかけてきた都市政府は、「コンパクトな暮らし」を構築するための政策——具体的には、15分コミュニティ（英語表記は15-minute city、メルボルンは20-munites city と表記）づくりを目指す都市戦略を打ち出した。戦略には、「持続可能性にプラス（大気汚染の改善、交通渋滞の緩和）を創り出したアゲインストコロナ時のニューノーマル（新常態）が、オールドノーマル（旧常態）に戻る前に先手を打っておきたい」という強い意志が込められている。「逆戻りしない」という決意である。

ヨーロッパ都市の旧市街では、中層階の石造／煉瓦造の建物が連担している。しかも、車時代前の建築なので駐車場が併設されていることは稀である。したがって狭い生活道路に路上駐車か、建物の裏にある中庭を駐車場にして使っている。アフターコロナの時代に、「そうした街区に大量の車が戻って来れば、まちは大変なことになる」という心配がある。そうした危惧を、実際の政策に具現したのが15分コミュニティ戦略である。すなわち、(1)車線を削減して車利用に意地悪をする、(2)削減した車道をプロムナードや自転車専用道路、遊び場に転換する――など脱車《だっくるま》を目指す施策である。

アゲインストコロナの時期には、在宅勤務が広く行われた。職住近接を実現するために、不動産デベロッパーが住宅街にある鉄道駅前にシェアオフィスを展開する、というニュースもあった。コロナ禍が追い風になり、アフターコロナの時代には、テレワーキングがこれまでよりは普及する。また、自転車利用が、通勤、通学、買い物、娯楽など暮らしの広範囲に広がった。そうしたことも、今度のパンデミックでおきたニューノーマルだった。そうした働き方／暮らし方の変化、それに加えて脱車依存の動き――それを両輪にして「コンパクトな暮らし」を構想し、アフターコロナの時代の都市の「かたち」の基本に据える――というのが、15分コミュニティ戦略の考え方である。

15分コミュニティ論は、コンパクトシティ論と重複するところがある。しかし、ここでは一線を引き、分けて考えるのがよい。[注3] コンパクトシティ論は、郊外へ、郊外へと宅地やオフィス、ショッピングモールなどの開発がスプロールし、暮らしの移動をもっぱら車に依存する、土地浪費型の都市開発に対する批判である。しかし、15分コミュニティ論で使っている「コンパクトな暮らし」は、その空間の規模をあくまでも住区レベルで考えている。「コンパクトな暮らし」の住区を幾重にも縫い合わせて具現する都市の「かたち」が持続可能性を担保し、コンパクトシティになる、という考え方である。

15分コミュニティの「かたち」

そのコンセプトは、15分の徒歩圏内に、したがって自転車で簡単に到達できる規模のコミュニティに、生鮮3品を売る店がある、日用品店がある、カフェがある、学校がある、病院がある、スポーツクラブや映画館、図書館がある、そして職住近接が実現している——それが15分コミュニティ論の掲げる究極的なコミュニティの「かたち」である。その姿を希求する運動が15分コミュニティ運動である。[注4] 換言すれば、健康的で豊かな暮らしを、「できるかぎり少ない移動（micro-mobility）」の範囲で実現する、その暮らしぶりは「小さなことは美しい（Small is beautiful）」の価値観と合致している——コミュニティ思想/コミュニティ運動である。

15分コミュニティは、経済的、社会的、文化的、また行政上のサービスに、だれもが（年齢、人種、経済的格差、心身のハンディキャップに関係なく）平等に、そして容易にアクセス（利用）できるコミュニティ空間を創造する運動である。そこでは、近代都市計画が追い求めてきた単一用途主義（住宅専用地区、商業専用地区など土地用途の純化主義）を唾棄し、複合用途／多機能用途のゾーニングを目指している。そして暮らしから車をできるかぎり排除し、歩く、自転車に乗る、公共交通を利用することを提起する都市論である。

ソルボンヌ大学の起業論の教授C・モレノがJ・ジェイコブズの都市論（多様な都市機能が埋め込まれたコミュニティ）に学び、提案したコミュニティ論と伝えられている。モレノは、スペインの労働者階級の家庭に生まれ、フランスに帰化してパリ市長になったA・イダルゴのブレーンを務めている。イダルゴは、コロナ危機の最中に実施された選挙でマクロン大統領派の候補を破って再選された。その選挙キャンペーンでは、「15分コミュニティをアフターコロナの時代のパリに埋め込む」と宣言して選挙戦を戦った。

気象変動と戦うグローバルな都市連合に、C40シティズ（C40 Cities）がある。地球環境問題にイニシアチブを発揮し、「だれもが健康的な暮らしを享受できる、そして持続可能な都市社会を構築するために協働すること」を宣言して発足した都市連合である。世界のメガシティを中心に5大陸に広がり、96都市が参加している。[注5] 世界の研究者を組織して調査研究し、レポートを発表している。シンポジウムなどのイベントを企画するなど、地球市民に対する啓蒙活動に熱心である。南の国の、貧しい都市に対しては、財政支援の枠組みを提供し、政策づくりのアドバイスをしている。

世界の都市がパンデミック対応に苦戦しているタイミングに、C40シティズは、アフターコロナの時代を見据えた都市再生のための指針（C40 Mayors Agenda）を取りまとめた。[注6] そこでも、アフターコロナの時代に目指すべき都市の「かたち」として15分コミュニティに言及していた。指針は、⑴環境に貢献する仕事（green jobs）を創造する、⑵公共サービスに投資する、⑶公共交通の安全を確保し、保全し、強化する、⑷エッセンシャルワーカーの社会的、経済的な地位の向上を支援する、⑸公共空間を人々の手に、あるいは自然のもとに戻す——などの施策を、アフターコロナの時代に都市政府が掲げるべき政策として示した。それらの施策に通底するキーワードは、「レジリエンス（Resilience）」「持続可能性（Sustainability）」「平等（Equality）」である。そして指針は、15分コミュニティ運動を、これらの施策に伴走させることを誓っている。

指針でC40シティズは、15分コミュニティでは、健康的でウェルビーイング（well-being）な空間——市民がだれでも我家から徒歩で、あるいは自転車で移動できる範囲で暮らしのおおかたのニーズを満たすことができるコミュニティ——を実現するために、⑴車から道路を恒久的に取り戻し、歩くための、自転車のための空間に転用する、⑵さらにそれらを市域全体でネットワーク化する、⑶そして同時に「緑のインフラを形成するための投資を重ねる」と宣誓し、脱車を宣言している。

C40シティズのメンバー都市は、共通して15分コミュニティに共感を示しているが、その中でもとくにアフターコロナの時代に目指すべき都市の「かたち」として15分コミュニティ運動に熱心なのは、パリ、ミラノ、グラスゴー（英国）などのヨーロッパ都市、デトロイト、ポートランド（オレゴン）、ユージーン（オレゴン）、モントローズ（テキサス）などのアメリカ都市、オタワ（カナダ）、メルボルン、ボゴダ（コロンビア）、上海……などである。その数はヨーロッパ、南北アメリカでさらに増えている。

15分コミュニティ運動の事例

ミラノ　今度のコロナ感染では、ミラノは、ヨーロッパの都市の間でも突出して大きな打撃を受けた。重篤な患者が急増し、医療崩壊が指摘されるほどのパンデミックになった。都市政府は、初動の遅れを指摘された。その反省からアフターコロナの時代を見据えた都市再生の取り組みは、迅速で真摯なものになった。それが包括的な復興計画「ミラノ適応戦略２０２０年（Milan 2020 Adaption Strategy）」として具体化され、発表された。

ミラノは、ローマに次ぐイタリア第２の都市である。人口が１４０万人。それでも都市の「か

■ミラノ：徒歩／自転車／車で 15 分の移動の範囲に暮らしの基本的なニーズを満足できる都市機能がある地域

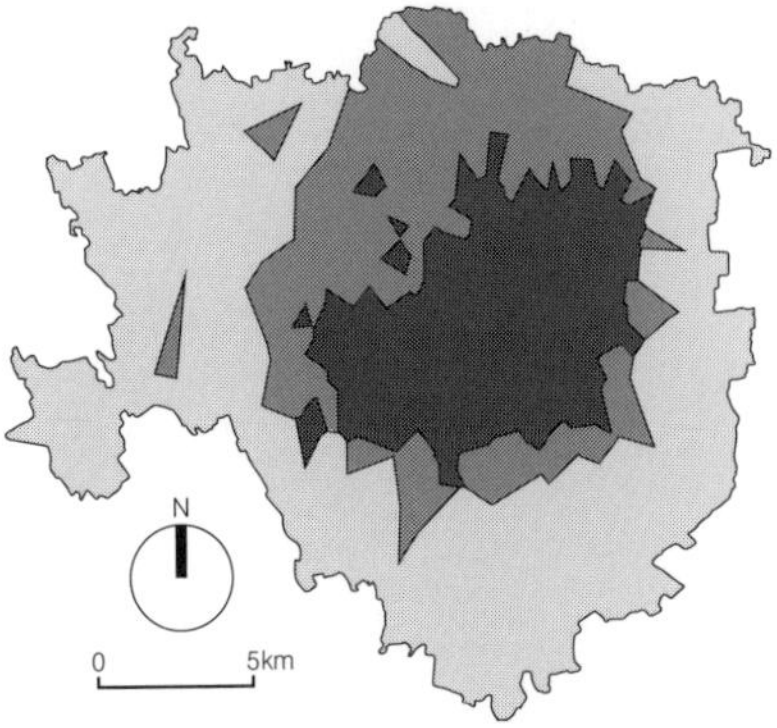

（%）

地区センターまでの所要距離	市域に占める面積	地区人口／市人口
徒歩で 15 分圏	21	43
自転車で 15 分圏	25	30
車で 15 分圏	54	27

図 6　ミラノの生活圏

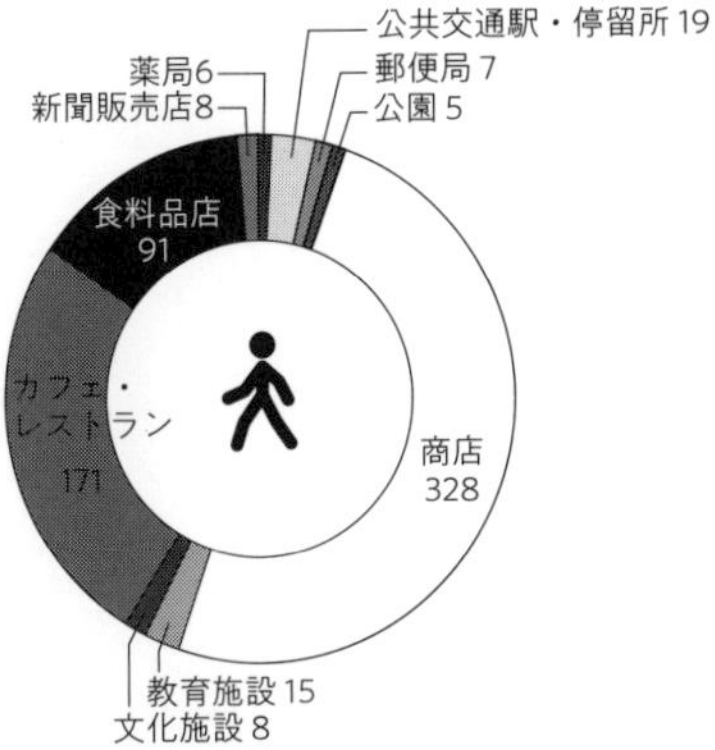

図 7 「徒歩 15 分」で暮らしの基本ニーズを満たせる地区の平均的な都市機能

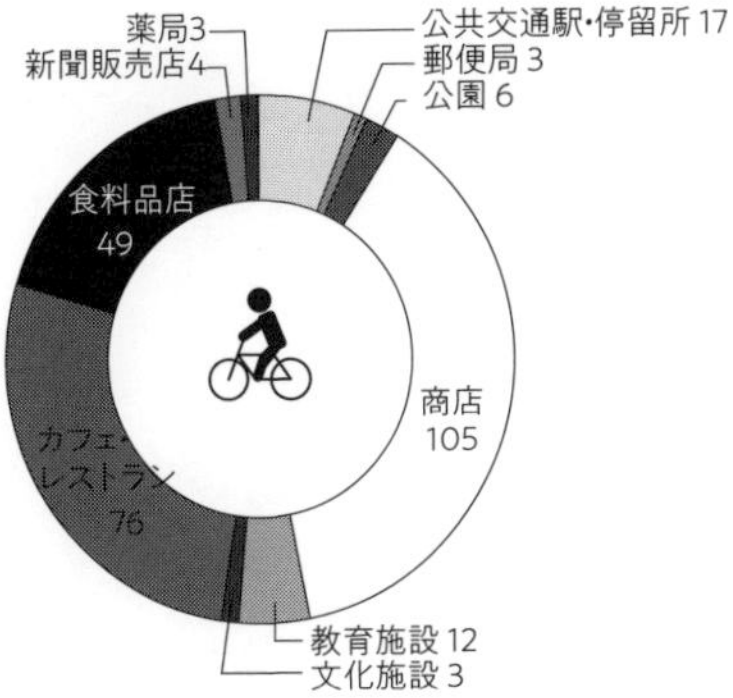

図 8 「自転車で 15 分」で暮らしの基本ニーズを満たせる地区の平均的な都市機能

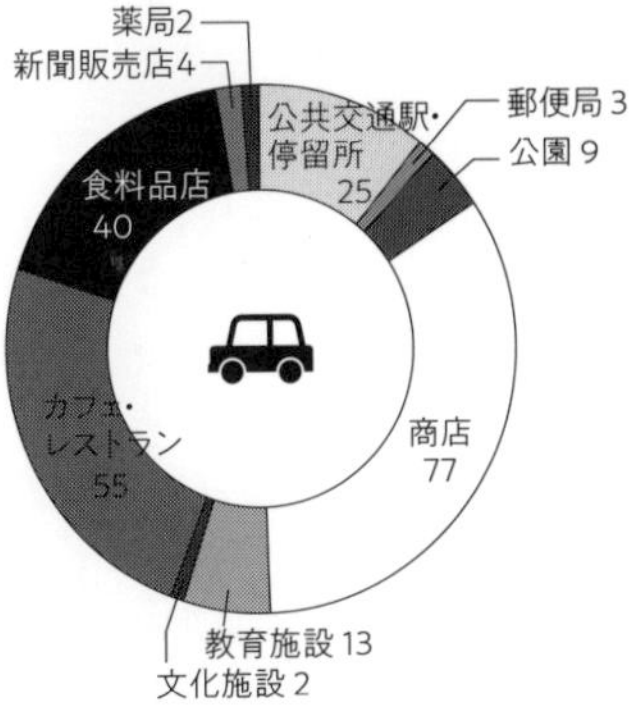

図 9 「車で 15 分」で暮らしの基本ニーズを満たせる地区の平均的な都市機能

出典：Living local: Mapping Milan micro-centers, Transform Transport, research. systematic. net

たち」は、旧市街の歴史地区を中心に高密度でコンパクトな都市構造になっている。市域は東西南北におよそ20キロである。ミラノの中心にある大聖堂やオペラハウス、そしてアーケードのある繁華街から2時間歩くと市境に至る。しかも、徒歩15分の範囲で暮らしの基本ニーズ（エッセンシャルサービス）を満足できる地区が市内各地に点在し、そうした地域（15分コミュニティが連担する地域）の広さは市域全体の21％に達している（図6参照＝■地域）。その市域1/5の面積に市人口の43％が暮らしている。これに「自転車で15分」で暮らしのニーズを満足させることのできる地域（図6参照＝■地域）を加えると、その面積は市域全体の46％、人口の73％に達する。ミラノでは、元来、相当にコンパクトな暮らしが実現していることになる。

それでもなお、「ミラノ適応戦略２０２０年」は、15分コミュニティ運動の推進を主要戦略に掲げた。そこには、「車から道路と公共空間を取り戻し、15分コミュニティの質と量を向上させる」という狙いがある（車道の開放を目指すプロジェクト「Strade Aperte（Open Streets）」が打ち出された）。

これまでも、ミラノのあるロンバルディアでは、大気汚染が問題視されてきた。一方、15分コミュニティは、地球環境の改善に貢献することに始原があり、それを「都市の「かたち」」の転換に反映させることを目指す運動である。換言すれば、移動（mobility）、生活の質（ＱＯＬ）、環境の持続可能性（sustainability）を交差させ、その座標軸に15分コミュニティを構築する都市戦略である。その取り組みの最中に、コロナ禍のパンデミックがおきた、という時系列である。「ミラノ適応戦略２０２０年」が掲げる取り組みの幾つかは、以下のとおりである。

①ステイホームの緩和後に、市内に大量の車が舞い戻るのを阻止するために先手を打つ。具体的には、幹線道路の車線を延長35キロの長さで削減し、プロムナード、あるいは自転車道に転換する。それを15分コミュニティづくりにつなげる。

②旧市街を中心に車の速度制限を強化し、最高時速を30キロにする。歩き、そして自転車の移動により安全な道路にする。

③路上駐車を制限し、駐車場をポケットパークなどだれでも楽しめる公共空間に転換する（Parklet's project と呼ばれる）[注7]。

④拡幅されたプロムナードには、カフェやレストラン、バールが椅子とテーブルを並べ、戸外の飲食スペースに使う（感染対策と同時に街路景観に賑わいをつくる）。また、運動や文化イベントに活用し、アーバンアメニティの向上につなげる。

⑤在宅勤務やコミュニティ型シェアオフィスの開発を奨励し、リモートワーキングの普及に努める。スタートアップを支援し、職住近接のコミュニティづくりに結び付ける。パンデミック前

のミラノでは、平均の通勤距離は4キロだった。伝統的に職住近接型都市で、55%が公共交通を使って通勤していた。

⑥公共交通での過密を回避するために、歩きと自転車利用をもう一段促進する。同時に、官民で時差通勤通学の導入を強化する。地下鉄には、車両の床に円を等間隔で描き、乗客が乗車中は円内に立ち、ソーシャルディスタンスを確保するように求める。ソーシャルディスタンスの確保が難しくなる混雑時は、改札で入場制限をする。

⑦学校などの施設については、放課後、あるいは夏休みシーズンなどに用途外利用を工夫し、諸施設の複合利用を促進する。

パリ　人口215万人のパリも、都心、およびその周辺ではすでに歩いて暮らせる（walkable）15分コミュニティが連担している。[注8]それが歴史都市パリの魅力を醸し出している。

これまでも自転車道の整備に熱心だった。2019年には、交通ストが頻発したこともあり、自転車の利用者が前年比54%も増えた（2020年5月は前年同月比51%増加、同6月119%増加）。それでも市民の53%が、通勤に平均45分費やしていた。[注9]RER（フランス地域圏急行鉄道網）D線は、ラッシュアワー時の遅れが平均15%だった。さらに車による通勤者が29%いた。朝夕、道路の渋滞が深刻だった。そのためパリっ子の76%は、「給与が減ってもいいので地方の中小都市に引っ越し、そこで働きたい」と考えている。

市長のA・イダルゴは、環境派で持続可能な都市づくりに熱心である。初当選を目指した選挙戦（2014年に市長就任）では、「100％自転車都市 パリ」の実現をキャンペーンに掲げ、「任期中に1千400キロの自転車道の整備」を公約して戦った。その後、実際には1千キロの延伸に止まったが、C40シティズでは、リーダーシップを発揮し、脱車、環境の改善、暮らしの見直しを積極的に訴えてきた。今度のコロナ禍では、「大気汚染が喘息、気管支炎をおこし、それがコロナ感染症と重なると重篤化し、亡くなる人が増える」というハーバード大学教授らの研究を踏まえ、15分コミュニティ運動にさらに傾注するようになった。その証として15分コミュニティ担当の副市長を置いた。

市長のアドバイザーになっているソルボンヌ大学教授のC・モレノは、「コロナ禍をきっかけに、仕事、家庭、買い物、余暇、教育、そして健康管理をめぐって暮らしのリズムを再調律しよう」と呼びかけている。その時の楽譜が15分コミュニティ運動である。パリの取り組みは、以下のとおりである。

①幹線道路の車線を減らし、プロムナードや自転車道に転換する。「道路の再編プロジェクト」と呼ばれている。

(1)ルーブル美術館の脇、そしてセーヌ川に並行して走る、目抜き通りのリヴォリ通りを完全に自転車道、およびプロムナードにした。タクシー、バスはそこを周回する。シャンゼリゼについても、日曜日に車を排除することを考える。

(2)地下鉄3路線沿いの道路については、都心から郊外まで車線を減らし、自転車道に転換する。ラッシュアワー時の地下鉄の混雑緩和に役立てる。

(3)プロムナードは植栽し、そこにストリートファニチャーを配し、ベンチを並べ、カフェやレストランがパラソルを置く。路端に椅子とテーブルを並べ、飲食をできるように街路をデザインする。

(4)コロナ禍のためのポップアップ（即座の一時的な）施策を含めて650キロの自転車道をつくる。2024年までには、市内のどの道路にも自転車道が併設されているようにする。[注10]

②15分コミュニティには、「市民キオスク」を置く。市職員が常駐して市情報の提供、コミュニティ活動の支援、家族やオフィスの鍵の預かりなどをする（共稼ぎ家庭で子供が鍵を持ち歩かなくてすむ。あるいは不在中に来客がある時などは、鍵の受け渡しをお願いできる）。

③パリ都市圏レベルでリモートワーキングの普及に努め、市全体としてモビリティの総量を削減する。そのため公共ワイファイ（wi-fi）の拡充に努める。シェアオフィスを増強する。

④市内に8万3千500台の路上駐車スペースがあったが（2019年）、2024年までに6万台分を削減し（72％の削減）、他のコミュニティ活性化用途につなげる。[注11]

⑤パリには、まちづくりの準公社（Semaest）がある。不活性化しているビルの1階を先取り取得する権利を持っている。買い取り後、小売店やカフェなどを誘致し、地区の活性化につなげる。このプログラムを促進する。

⑥校庭の緑化を進め、放課後や夏場には住民に開放する。

オタワ　北アメリカでは、最も暮らしやすい（most livable）都市の一つに挙げられることが多い。人口95万人。10年間に30％の人口の伸びを記録している成長都市である。しかし、「都市の成長が郊外スプロールで達成されるのは拙い」という考え方に沿って、「2025年プラン」が打ち出された。[注12] プランは、郊外と都心を往復する通勤や買い物の行動パターンを抑制し、都心の外縁に住宅ハブをつくり、そこに日々の暮らしのニーズをほぼ満足させる都市機能を集約させる計画を示した。都市の成長管理政策である。

住宅ハブには、15分コミュニティの考え方を反映させる。市内のモビリティは、現在、徒歩を含めて非車系の移動手段が40〜50％だが、これを50％以上にアップさせる。オタワは、オスロ、コペンハーゲン、アムステルダム、それにポートランドの都市づくりに学び、その優れた要素を都市政策に積極的に取り入れている。「ポプスィクル・テスト（Popsicle Test：popsicle は棒付きアイスキャンディの意味。子供が一人で近所の食料品店まで安全に買い物に行けるかのテスト）」で、オタワ市内には危ないところがあったり、食料品店がない食料砂漠（生鮮3品の買い物に不便）があったりする。そうしたことの改善も、15分コミュニティ運動の課題に挙げている。[注13]

15分コミュニティの可能性

15分コミュニティは、21世紀の都市づくりが目指すべき方向性を示す一方、地球環境を念頭に持続可能な都市づくりを希求する運動である。したがってアメリカでは、B・オバマ大統領時代に打ち出された再生可能エネルギーへの大規模投資を柱に据えた「グリーン・ニューディール」、ヨーロッパでは、「ヨーロッパ持続可能な開発計画２０２５」――を引き合いに出して語られることが多い。その意味では、元来、感染症対策のための都市づくり運動ではなく、その主眼は、地球環境の危機に対して持続可能な都市の「かたち」を構築することにあった。

それがコロナ禍をきっかけに、15分コミュニティ運動が改めてクローズアップされたのは、世界の都市でステイホームが実施され、①車交通が激減して大気汚染が緩和したが、その反動でアフターコロナの時代に車の利用がコロナ禍前以上に拡大し、環境負荷を増大させる可能性がある、

②パンデミックでは遠出が制限され、近隣住区に留まったために、日々の暮らしのニーズを満たすことができない、という状況がしばしば発生した——すなわち、近代都市計画の基本になってきた単一用途主義の土地利用制度が、パンデミックで脆弱性を露呈した、③一方、IT革命のおかげで在宅勤務、オンライン・ショッピングなどのさらなる普及が見込まれる、などの事情があった。コロナ禍を15分コミュニティ運動の追い風にしなければならない、あるいは追い風にできる環境が出現したことが、15分コミュニティ運動に参加を宣言する都市が、この間、一気に増えた背景にある。

ミラノ工科大学教授のA・バルドゥチは、「ステイホームでは、単一ゾーニングを超えて遠出（住宅地区から商業地区へ、住宅地区からビジネス地区へなど）をすることが制限され、人々は通信販売、在宅勤務、遠隔教育……を使って急場を凌いだが、それは持続可能ではない。その反省から改めて15分コミュニティの複合用途主義が喝采された」と話している。[注14] そして15分コミュニティの提唱者C・モレノと同じように、「15分コミュニティには、J・ジェイコブズの都市論と共鳴するところがある」と語っている。短い街路で構成される街区に多様な都市機能が埋め込まれ、その狭い街区にいろいろな人々（職業、年齢、人種、所得階層、教育レベル……）が暮らし、お互いに双発することによってコミュニティに創造性が生まれる、そしてスモールビジネスが自生する、という考え方である。15分コミュニティでは、当座、脱車に力点が置かれていたが、そこに止まることなく、ニュービジネスがスピンオフするコミュニティにバージョンアップされることが期待されている。コミュニティで「遠隔（Tele-）」を整備し、強化することには、そうした思いが込められている。ここでのオンライン・ショッピングでは、地元商店街にある店や飲食店から地元製品（local Products）／持ち帰り料理を買い求めることが推奨されている。

バルドゥチも認めていることだが、歴史的街区の残るヨーロッパの都市では、とくに旧市街とその外縁部では、すでに15分コミュニティがかなり連担している。それは、アジアの都市でも同じである。今度の運動は、そうした既存の15分コミュニティを、コロナ禍をきっかけにさらに拡充し、強化するところに狙いがある。とくに車から道路を解放し、開放された後にプロムナードや自転車道を整備し、それまで建物の内で行われていた活動をプロムナードや駐車場跡など外の世界に引っ張り出す、そしてコミュニティ活動を促進する／人々の新しい出会いをつくる公共空間に転換する――などを目指している。露店やキャンピングカーを改造する持ち帰り食堂、ストリートミュージシャンやパフォーマンス、路上美術展なども歓迎されている。

アメリカの場合、ダウンタウン、ミッドタウンでは15分コミュニティを観察できるが、郊外では単一用途主義が徹底されている。しかし、実際のところ、アメリカでも15分コミュニティに共感する都市が増えている。21世紀を迎えたころから、郊外都市の間では、歩ける（walkable）範囲の規模に魅力的な都市機能（カフェ、ブティック、ジム、文化施設など）を集約し、その周囲にアフォーダブルな中層階の集合住宅を建てる「郊外ダウンタウンづくり（Suburban Urbanism）」が増えている。アーバニティに拘りのあるミレニアム世代を誘い込むための、郊外都市の戦略だが、そうしたところでは、15分コミュニティ運動はよくマッチするに違いない。

コロナ禍では、中心市街地商店街にある零細小売店や外食店が休業に追いやられたり、オンライン・ショッピングや外食チェーンの宅配サービスとの競争に苦戦したりした。そのためアメリカやカナダでは、人々をもう一度商店街に呼び戻すために、15分コミュニティ運動が中心市街地活性化事業（Main-street Program）と重ねて語られている。[注15] また、「ロサンゼルスやアトランタなど郊外に激しくスプロールし、公共交通が脆弱な都市ほど15分コミュニティ論に学ぶところが多い」という指摘もある。[注16] ヒューストンでは、市内に6ヵ所のCBD（central business district）を配置し、多角分散型の都心づくりを考えている。

15分コミュニティ論は、しばしば「調律」という言葉を使って運動の狙いを説明する。これまでの暮らしのリズムを見直す「調律」、コミュニティのつながりと帰属感を強化する「調律」、そして都市の動態を改善する「調律」である。土地用途の転換を恒常化させる「調律」もあるが、時間、そして場所利用に柔軟性を確保するために、ポップアップ（一時的な）な転換利用も歓迎されている。

フィナンシャル・タイムズが15分コミュニティの特集記事を掲載していた。[注17] 見出しは、「ようこそ15分コミュニティ都市へ」。副題は「在宅勤務へのシフトがオフィスへの通勤に二の足を踏ませる時代に、都市の「かたち」を地元主義に転換することを目指す戦略について考える」。記事は、15分コミュニティのコンセプトを解説し、ミラノ、パリ、グラスゴー、メルボルンなどの事例を紹介し、最後にテレワーキングの可能性について論じて筆を置いている。15分コミュニティは、「完全都市（Complete Cities）」と呼ばれることがあるように、暮らし方、そして働き方のいずれでも自己完結型のコミュニティづくりを目指している。暮らしの基本ニーズを満たすモノ／サービスの供給については、15分コミュニティ内である程度、完結可能なことは、ヨーロッパやアジアの都市では、すでに経験知になっている。加えて働き方をめぐっても、今度のコロナ禍でテレワーキングが広く行われたことを考えれば、アフターコロナの時代の15分コミュニティでも、おおいに期待できる、というのが15分コミュニティ推進論者の考えである。

しかし、フィナンシャル・タイムズの記事は、在宅勤務のさらなる普及については懐疑的である。記事は、「IT利用の在宅勤務（digital home-working）は革命にはならない」という学者のコメントを引用し、「対面コミュニケーションでしか伝えられない（ビデオ会議では代替できない）情報が必ずある」と指摘していた。そして、19世紀のイギリスの経済学者A・マーシャルが「何かがおきそうな雰囲気（Something in the air）」と表現した産業集積の効果について記述していた。マーシャルは、なぜ、同じ産業に属する会社が地理的にクラスターを形成するのかについて解いている。「それは競争相手に近接していることによる脅威に比べて新しいアイデアを生む情報を共有できる利益のほうが大きい、と考えられているためである」。歴史的にテレグラフが発明された時、電話が使われはじめた時、インターネットが普及した時、「あぁ、これで田舎暮らしをしながら在宅勤務ができる」と考えた人々がいた。しかし、実際は「むしろ逆に都心の魅力が増長され、対面コミュニケーションの重要性が改めて認識されるようになった」とフィナンシャル・タイムズは書いていた。

本書でも、テレコミュニケーションを扱った4章で、今度のコロナパンデミックが在宅勤務の普及に追い風になるが、「突風にはならず、微風で終わる」と書いた。15分コミュニティについても同じ指摘をすることができる。持続可能な地球環境を考えれば、筆者も15分コミュニティが多様な形態で希求され、さらなる広がりを示すことを期待する。しかし、職住近接を伴いながら15分コミュニティの「かたち」がただちに、広範囲で実現する可能性は少ない。

15分コミュニティの職住近接について英紙のガーディアンが興味深い提案を載せていた。[注18]「新しい、静かな都市型産業」を育成するのはどうか、というのである。空地やビルの屋上で都市農業をする、クラフトビールを醸造する、そしてパン・ケーキ工場、ＩＴ系のニュービジネスなどである。住宅ビルに併設でき、雇用もつくれる、と解いている。そこで働く人々のための弁当工場やスポーツジムがあってもいい、という。そうした15分コミュニティでは、複合用途のコミュニティづくりが問われることになる。

7章　ツーリズムの終焉?――ポスト・コロナの観光の「かたち」

前例のない打撃を受けた観光市場

新型コロナウイルスの世界的な蔓延はさまざまな分野に大きな影響を及ぼしているが、わけても市域や国境を超えた移動を前提とする観光は、壊滅的な打撃を受けている分野のひとつである。パンデミックは、観光は移動する営為であるがゆえ間接的に疫病を拡大する行為になりうること、そして観光はきわめて脆弱な産業であることをあらわにした。ダイヤモンド・プリンセス号に代表されるように、新たなマス・ツーリズムとして全盛を誇ったクルーズ船の危険性も浮き彫りとなった。

国連世界観光機関（UNWTO）が2020年5月に公表した緊急調査によれば、調査対象となった合計217の目的地のすべてがパンデミックに対応して何らかの渡航制限を導入している。[注1]地域そのものが封鎖されているような状況では、当然ながら観光は成立しない。国際観光客の到着数は2020年の第1四半期だけでも22％減少し、3月の到着者数は57％減少した。[注2]これは6千700万人の海外からの到着者と約800億ドルの収入の損失に相当する。[注3]地域別にみると、新型コロナウイルスの影響を受けた最初の地域であるアジア・太平洋地域では2020年第1四半期の到着者数が35％減少した。2番目に大きな影響を受けた欧州で19％の減少となり、次いでアメリカ大陸（15％減）、アフリカ（12％減）、中東（11％減）となった。[注4]

人影もまばらな日中のランブラス通り（バルセロナ）
（写真：小塙芳秀）

たった数ヶ月前までオーバーツーリズムの話題で持ちきりだった世界の観光都市は、急転直下の展開に右往左往している。オーバーツーリズムの象徴だったヴェネツィアのリアルト橋やバルセロナのランブラス通りからは群衆が消え、いまやまばらな人影しか確認することができない。京都のまちなかは観光客が激減し、ひとときの平穏を取り戻しているような様相さえ漂う。

ビフォー・パンデミック：巨大産業化しつつあった観光

パンデミック以前、とくにここ数年の観光産業の急成長は目覚ましかった。

１９６０年から２０１９年にかけて、観光客数は約２千５００万人から14億人超へと約56倍も増加した。[注5] とくに２０１６年から２０１７年の伸びが大きく、年率で７％の成長を記録している。

多くの都市において、外貨を獲得する有力な産業となった観光は、2019年には世界貿易の7%を占め、燃料、化学品に次ぐ世界経済における輸出部門の第3位に位置していた。[注6] 2019年には世界のGDPの約10%、全雇用の10%を生み出している。[注7] この10年に限ってみれば、全世界の雇用の20%が観光分野から生み出されている。GDPも2010年以降、継続的に年率約3・5%の成長を見せており、2019年まで世界経済を上回る速度で成長してきた。国によってはGDPの20%以上を占めることもあり、モノカルチャーとしての観光に依存の度合いを強める地域・都市も少なくない。

観光客の急増を誘引した背景には、前述のように雇用機会の提供や外貨獲得といった面から観光が世界レベルで成長産業としての地位を獲得したことに加え、余暇活動の増大とその実現手段としての国際観光の人気の高まり、所得中間層の世界的な増大（世界の中間層人口は2015年に30億人を突破。2030年までにさらに1・6億人の増加が見込まれており、その90%近くがアジア地域からの増加と予測されている）[注8]、LCCの普及（LCCの乗客数は1998年の800万人から2015年には1億人を突破し、世界の定期便乗客総数の28%を占めるまでに成長。[注9] とくにライアンエアーやイージージェットに代表される欧州のLCCの成長は目覚ましく、2015年には欧州の定期便の座席数の41%を獲得している）[注10] と航空便の多様化に伴う輸送費の低コスト化（1998年と比べて航空運賃は約60%減少している）[注11]、ビザの緩和等を含む旅行の円滑化（一般に取得に煩雑な手続きを要する旧来型のビザが占める割合は1980年の75%から

2018年には53％にまで減少している）[注12]などが挙げられる。世界中のさまざまな観光地が競い合うようにプロモーション合戦を展開し、隆盛を極めつつあった観光産業に強烈な冷や水を浴びせたのが今回のパンデミックであった。

オーバーツーリズム問題を振り返る

2020年の年明けまでは、世界の観光都市では、観光産業の急速な成長が地域に負の影響をもたらすオーバーツーリズムの話題で持ちきりだった。オーバーツーリズムとは、市民生活の質および（あるいは）訪問客の体験の質に過度の負の影響を与えてしまう観光のありようのことを指し、都市部においては「過度の観光活動がもたらす土地所有権の急速かつ不可逆的な変質による界隈の社会構造の変化ならびに地域資源への再投資なき消費」をその問題の本質とする。[注13]とくに、宿泊場所として空き部屋のシェアを促進する個人と個人を結ぶP2P型オンラインプラットフォームであるエアビーアンドビー（Airbnb）の定着を背景に急速に立地が進んだ民泊は、観光都市の歴史都心で地価の高騰と界隈の生活構造の変容を迫ってきた。

こうした状況に対する市民レベルでの抗議運動は、パンデミックの発生の直前まで、欧米のメディアを中心にたびたび報告されてきた。2020年1月25日のガーディアン紙は、「欧州の歴史都市でのオーバーツーリズムが反発に拍車をかける」と題し、アムステルダム、バルセロナ、フィレンツェ、プラハにおける観光の急成長とそれに伴う弊害をレポートしている。[注14] この記事によれば、2000年からの20年間でアムステルダムは約2倍（2020年の観光客数は人口の約24倍、バルセロナは約10倍（同様に約19倍）、フィレンツェは約1・6倍（約28倍）、プラハは約3倍（約6倍）も観光客を増やしている。都市内の少なからぬ界隈が宿泊施設の急増により変質を余儀なくされている現状が浮かび上がる。

このように、消費志向型の観光が定着し、住民の生活を支えてきた商店や施設などが観光系産業に追い出されていく観光ジェントリフィケーションが発生し、徐々に界隈のテーマパーク化が進行してきた。場所の商品化と消費は、ビフォー・パンデミックの観光の典型的一断面であった。

パンデミック進行中の観光産業の様相

移動の制限、半凍結状態の観光産業

そうした中、予期せぬ形でオーバーツーリズムに一旦の終止符を打ったのが今回のパンデミックである。観光はパンデミックを助長しかねない厄介な存在として脚光を浴びることになり、国境を超えた移動は唐突に姿を消した。観光地としても人気の高いニューヨーク、マイアミ、パリ、

ロンドン、コペンハーゲン、マドリード、バルセロナ、カイロ等、世界の主要都市では都市封鎖（ロックダウン）がたびたび実施された。

それでは、各国、各都市でのパンデミックへの対応は、どのように観光に影響を及ぼしたのだろうか。ここでは、パンデミック発生直後から現在までの観光をめぐる動向をＵＮＷＴＯの報告書を中心に整理したい。

まず、国境の封鎖である。本章の冒頭で紹介したようにＵＮＷＴＯが調査した世界の２１７の目的地（ディスティネーション）すべてが入国・入域に関して何らかの制限を課している。そのうち75％にあたる１６３の目的地は国境を完全に封鎖している。[注15]

国境の封鎖は、航空便の急速な減少も意味する。国際民間航空機関ＩＣＡＯ（International Civil Aviation Organization）のデータによると、３月の世界の総航空座席数は38％の大幅な減少となった。[注16] ２０２０年全体では、国際線の旅客数は44～80％の減少が予測されている。[注17] また、国際航空運送協会ＩＡＴＡ（International Air Transport Association）は、２０２０年の航空旅客市場全体の国際線旅客需要を48％の減少と見込んでいる。[注18]

旅行予約データを分析するフォワードキーズ（ForwardKeys）によれば、第１四半期の世界の航空予約は80％の大幅な減少が見込まれる。中でも、早くから中国での渡航制限が実施されたアジア・太平洋地域がもっとも大きな落ち込み（98％減）を受け、次いでヨーロッパ（76％減）、アメリカ大陸（67％減）、アフリカおよび中東（65％減）となっている。[注19] チケット予約の観点からも、２０２０年第１四半期に深刻な落ち込みを見せたことが分かる。

最後に、ホスピタリティ業界の大幅な停滞である。目的地での観光活動を成り立たせてきたさまざまな業種（宿泊業や飲食業をはじめとするサービス業など）が大打撃を受けている。たとえばバルセロナでは、少なくとも事業所の15％、レストランの25％が閉鎖に追い込まれると予測されている。[注20] 市民の利用がほとんど見込めない宿泊施設への打撃はさらに深刻だ。世界の客室稼働率は３月に急落し、世界各地で20〜70％もの減少となった。１室当たりの売上高も３月までに世界各地で２桁台の大幅な減少を記録した。とくに減少が顕著だったのはアジア地域（67・８％減）とヨーロッパ地域（61・７％減）であった。[注21]

雇用の大規模な喪失：ＳＤＧｓの問題として

観光が明らかな足踏み状態に入ったのは、ＷＨＯがパンデミック宣言を行った２０２０年３月中旬以降からである。５月には観光活動がほとんど停止し、前年度から98％の減少となった。[注22] これは、２００９年の世界経済危機全体の間に失われた３倍以上の３千２００億ドル近い輸出の損失に相当する。[注23] ＵＮＷＴＯの専門家会議が示す将来シナリオでは、パンデミックの封じ込めのスピード、渡航制限の期間、そして依然として不透明な国境の再開に応じて、年間を通じて58％か

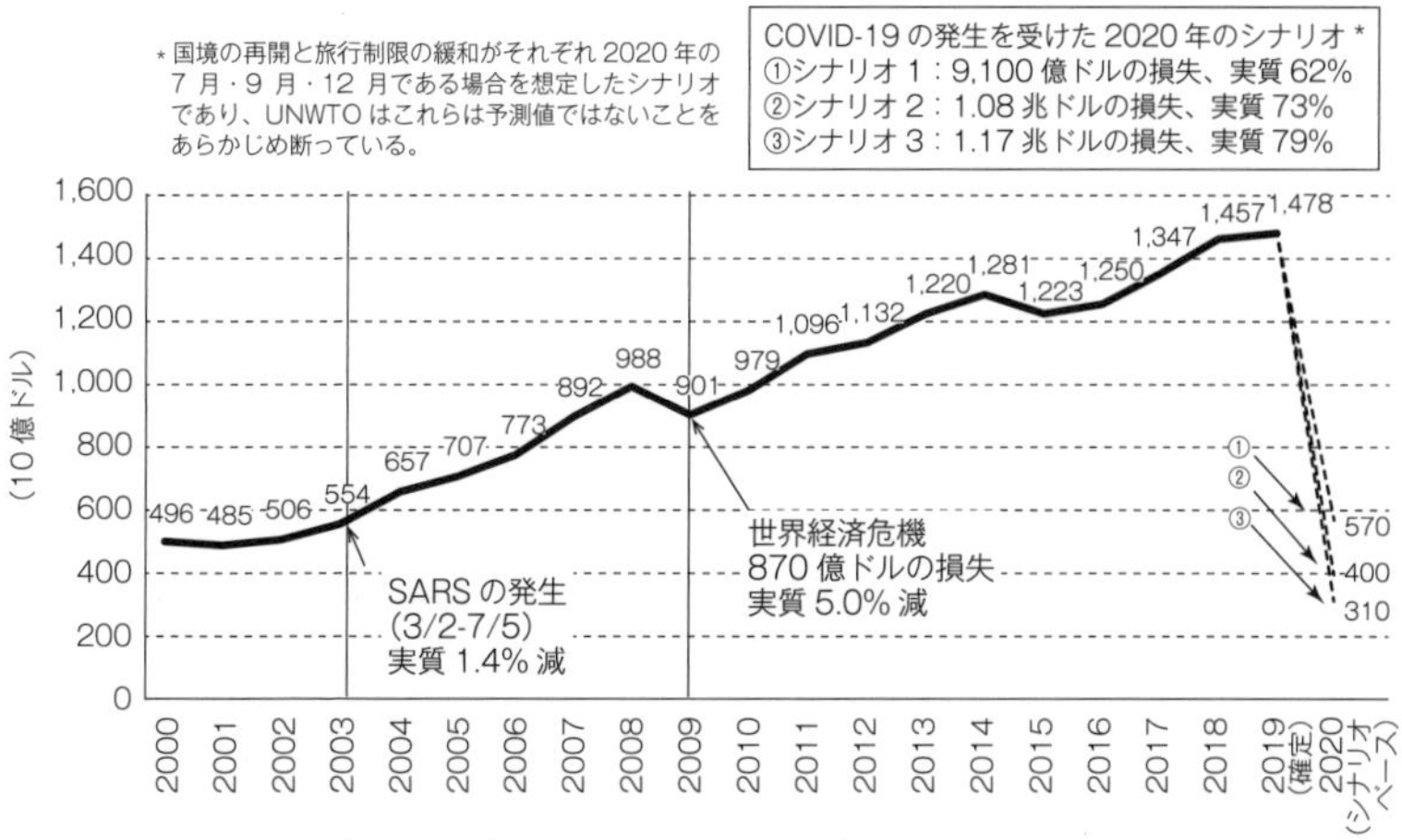

図 10　観光の輸出総額の推移（2000 ~ 2019 年）と 2020 年以降の予測シナリオ

出典：UNWTO, *UNWTO World Tourism Barometer May 2020 Special focus on the Impact of COVID-19*, 2020.

ら78%の国際観光客の到着と収入が減少する可能性があると指摘している。[注24]

２０２０年をとおして、国際観光客の到着数は８・５億人~11億人減少し、観光産業からの収益の損失額は９千１００億ドル~１兆２千億ドルに上ると試算されている。[注25] これは合計で１億２千万人の観光業にかかわる直接雇用が失われる可能性を意味する。[注26] ホスピタリティ産業はもともと雇用環境が良好ではないことも少なくない。そのしわ寄せは、多くは女性や若年層を多く雇用している零細・中小企業や、もっとも脆弱な非正規労働者に向かうことが懸念される。[注27] とくに、観光産業へ過度に依存していた地域では、経済の急速な悪化と失業の急増は大問題である。

国連は、新型コロナウイルス感染症の観光への影響を持続可能な開発目標（ＳＤＧｓ）の観点から整理している。[注28] 観光分野は、目標８「働きがいも経済成長も」、目標12「つくる責任、つかう責任」、目標14「海の豊かさを守ろう」の３箇所で言及されており、とくに観光の雇用創出機能や海洋観光における環境保全などが期待されている。[注29] その中で、観光の衰退が貧困（ＳＤＧ１）と不平等（ＳＤＧ10）を増大させる可能性があることを指摘している。女性、農村部のコミュニティ、先住民族、その他多くの歴史的に疎外されてきた人々にとって、観光は社会的包摂、エンパワーメント、収入の創出のための重要な手段となってきた。

文化遺産や文化施設への影響

都市内に立地する世界遺産や博物館も大きな影響を受ける。90％の国がパンデミックの影響で世界遺産を閉鎖した。同様に、この間、90％の博物館が閉鎖され、13％の博物館が再開されない可能性がある。[注30] 修復事業に加え、モニタリングや考古学上の研究作業等の業務は観光収入に大きく依存していることが多く、訪問者の減少は、これらの運営予算を直撃している。[注31] 再開のめどが立たない中、存続の危機に立たされる施設は決して少なくないと推察される。

テーマパーク化した都市空間の空洞化

オーバーツーリズム時代、観光都市の都心部で発生したのは、地価の高騰とそれに起因する界隈の社会文化構造の不可逆的な変容だった。たとえば、バルセロナでは2013年から2019年にかけて市内の平均家賃は約44％、住宅購入価格の平均は約52％も上昇している。[注32]ベルリンでは2004年に平米当たり6ユーロだった平均家賃は、2019年には12・5ユーロと倍増した。住宅用不動産の販売価格の上昇は、より深刻だ。2004年の平米当たり1千630ユーロから2019年には4千700ユーロへと3倍弱まで跳ね上がっている。[注33]

有効な政策コントロールがないまま、消費型観光が求めるままに動いてきた不動産市場は、観光資源が集中している歴史的市街地や、良質な店舗が軒を連ね地元の生活を堪能できそうな都心の住宅系市街地から居住機能を追い出し、宿泊機能や観光系産業の立地を招いた。

その結果、バルセロナやヴェネツィア、アムステルダム等では小規模な生業や職人の工芸品店が日帰り観光客目当ての土産物屋やファストフード店へと取って代わられる事態が頻発した。[注34]観光都市は、すっかりテーマパーク化してしまった。一方、民泊の立地が野放図に進んだ歴史都心のいくつかの界隈では、決して空き家が多いわけではないにもかかわらず、人口を減らしている地区すら出てきている。たとえばバルセロナの旧市街の人口は現在約10万人だが、家賃急上昇の影響もあり、2006年から2万人近くも数を減らしている。とくにゴシック地区では2007

年から45%の人口を失っている。[注35] そして、パンデミックの最中の現在、観光客を目当てとしたこうした店舗や民泊は想定していたゲストを失い、家賃を急激に下げられるわけでもなく、用途が転換されるわけでもなく、ただ都心に漂うかのように、空き家状態を晒している。

アフター・パンデミックを見据えた動き

国レベルの対応：経済活動の段階的再開へ向けた条件整備

UNWTO内に2020年3月に設置されたグローバル・ツーリズム危機委員会[注36]は、パンデミックに直面した観光分野の対応策を提案している。議論の主眼は、観光を通じた雇用と経済の支援に置かれている。5月に同委員会から発表された「観光復興のためのグローバルガイドライン」は、「雇用の保護」「安全の確保による信頼の回復」「効率的な再開に向けた官民連携」「責任を持って国境を開くこと」「さまざまなプロトコルと手順の調和と調整」「新技術による付加価値の高い仕事」「ニューノーマルとしてのイノベーションと持続可能性」の必要性を謳っている。

こうした包括的な方針を受け止めつつ、国レベルでは、段階的な経済活動の再開に重点を置いているところが多い。5月半ばからすべてのレストラン、カフェ、バーがテーブルごとの人数制限などの一定の制限のもとで営業を再開したオーストリアや、同じく5月半ばから美術館や主要会議場を再開し、6月半ばまでに入国制限の緩和を開始したアイスランド、「社会とビジネスの再開のためのロードマップ」を作成、2020年の第3四半期と第4四半期に国内観光業の段階的な再開を目指すアイルランド、ホテルやキャンプ場を6月より営業再開するとともに、海外からのフライトも感染の程度が相対的に低い国から2段階に分けて開始したギリシャなど、その方向性は類似している。[注37]

ミラノ：観光回復を見据えた歩行者空間の整備

都市レベルで興味深いのはミラノだ。ミラノを中心とするロンバルディア地方は、イタリアのみならず欧州の中でもっとも感染の程度がひどかった地域のひとつであり、当然ながらパンデミックによりとくに経済面で大きな打撃を受けている。ミラノは、パンデミックの危機に対応して、道路空間の再配分により自動車交通を削減し、徒歩と自転車を優先の空間づくりに着手している。ロックダウンが解除されるのに合わせて、合計35キロに及ぶ歩行者優先ゾーンを実験的に市全体に拡大する計画だ。2020年4月21日のガーディアン紙に掲載されたミラノの挑戦を描いた記事には、副市長のコメントが紹介されている。[注38]

「……もちろん、経済を再開させたいと思っていますが、今までとは違うベースでやるべきだと考えています」

「……新しい状況の中でミラノを再構築しなければならないと考えています。そのためには、経済の一部でも守り、バルや職人、レストランをサポートすることがとても重要なのです。パンデミックが終わった時に、そうした経済が依然として残っている都市が有利になるだろうし、ミラノはそうでありたいのです」

一見、観光分野の回復とは無関係のように思えるミラノの挑戦だが、小さな経済を維持するために歩行者空間を拡大していくという理路は、アフター・パンデミックの都市・観光政策の新たな可能性を示唆している。

アムステルダム：オーバーツーリズム時の政策のさらなる進展

アムステルダムの観光産業はパンデミックの影響で大打撃を受けている。レッドライト地区の観光事業者の中には最大で90％もの収益損失を被ったところもある。ホテルの稼働率は2019年3月の81％から2020年3月には41・2％に低下している。[注39]

人口約87万人に対して年間1千900万人を超える観光客が押し寄せるアムステルダムは、オーバーツーリズムに悩む欧州都市のひとつだった。この数字は、パンデミック前には、

2030年までに50％増加すると予想されていた。アムステルダムは性風俗産業が集まるエリアの存在や、マリファナ等の規制の緩さから、「パーティ・ツーリスト」と呼ばれる羽目を外すことを目的とする若年層の観光客のマナーが問題化していた。観光客が集まる旧市街では、土産物店等の観光客向けの商品を扱う店舗やチェーン店が急増する一方、住民が使う日用品店が減少した。また宿泊施設の急増に起因する家賃の高騰と住民の追い出し、それが引き起こす界隈の空洞化が深刻化した。[注40]

こうした状況に対して、アムステルダムは、若年層に向けたマナー啓発や路上飲酒などの行為に対する罰金の設定といったソフトアプローチのものから、宿泊施設の規制といった都市計画アプローチ、そして観光税の再設定といった財政的アプローチと、多岐にわたる対抗策を打ち出してきた。

パンデミックにより窮地に追い込まれた観光産業の起死回生策が構想されているのかと思いきや、アムステルダムではまず市民レベルで以前のオーバーツーリズム対策を着実に進めることを要求する声があがった。具体的には、それ以前の議論で管理可能なレベルとして示された年間1千200万人にまで訪問者数を効果的に制限し、新しいホテルの開設を禁止し、観光税の増加を課すことを求める請願書が約2・7万人の署名を集めて提出された。[注41]マリファナを販売するコーヒーショップの数を削減することや外国人観光客の麻薬購入禁止措置等の請願は、地元の人が訪れる理由がなくなってしまっていた旧市街の魅力を回復し、市民の界隈への帰属感を取り戻すことへの意欲を見てとれる。

また、アムステルダムはパンデミックに乗じるかのように、騒音の低減も計画している。パンデミック下での良い変化として、交通量が減少したことによる騒音レベルの大幅な低下があったことを受け、2020年から2023年を対象とする交通計画が作成された。具体的な措置として「公共交通機関とサイクリングの優先」「時速30キロ制限の道路の増加」「無音電気バスの複数路線への導入」「2025年までに市街地への内燃機関付き原付バイクの乗り入れの禁止」「騒音を低減するアスファルトのさらなる利用」「市営車の騒音低減」「市内の緑の多い静かな場所の設定」が盛り込まれた。[注42]

このように、パンデミックの状況を逆手に取り、オーバーツーリズムでいったん離れてしまった観光エリアへの市民の愛着を取り戻すなど、改めて市民が都市のありようを再考・再定義する絶好の機会として捉えるアムステルダムの視点は、アフター・パンデミックの政策に一石を投じるものと言えよう。

アフター・パンデミックの観光

国際通貨基金（ＩＭＦ）によると、世界経済は２０２０年に４・９％の急激な縮小が予想されているが、２０２１年には回復すると予想されている。各国はパンデミックの社会経済的影響を緩和し、観光産業の回復を促進するためにさまざまな対策を実施してきたが、危機の大きさから、さらなる努力と継続的な支援が必要とされている。そうした中、観光は復活するのだろうか。

アフター・パンデミックでは、移動コストをめぐって大きな地殻変動が起きそうだ。ビフォー・パンデミック時代の観光スタイルの象徴だったオーバーツーリズムは、さまざまな移動コストの低減によって成立した現象であった。一方、ソーシャルディスタンスが求められる状況下では座席数を大幅に減少することを余儀なくされる。航空業界への壊滅的な打撃からの回復を目指すプロセスでは、航空運賃の上昇も伴うだろう。観光は当面の間、移動コストの継続的な上昇という問題と向き合うことになりそうだ。少なくとも、ＬＣＣや格安バス等のビジネスモデルは窮地に立たされることになるだろうし、そうした移動手段を謳歌するような旅行スタイルは当面困難になるだろう。ＵＮＷＴＯは２０２０年の第４四半期から２０２１年にかけて徐々に観光需要が回復していくとのシナリオを描いているが、先行きはあまりにも不透明である。

ひとつのシナリオとして、パンデミック後に海外旅行のラグジュアリー化が進むことを想定してみたい。海外旅行の頻度は下がり、そのぶん1回の観光にかかる費用は増大する。[注43] 単価が上がれば、アムステルダムが希求するように、騒ぐことを目的とする観光客は減少し、より地域の良さに触れようとしたり、観光名所以外のスポットを自覚的に発見しようとしたり、価値あるものに相応の金額を支払ったりする観光客が増加する可能性もある。都市のさまざまな界隈の丁寧な暮らしぶりに慎ましやかに触れるという観光スタイルに、改めて脚光が当たるかもしれない。

一方、国際的な移動に当面制限がかかる中、世界的にも注目されているのが国内旅行需要の刺激である。UNWTOの提言においても、パンデミックが落ち着くまでの一時的な緩衝帯としての国内旅行の可能性に言及されている。国内旅行の中でも、近隣エリアを観光の対象とする、いわば「近場観光」というべき観光スタイルは、身近な環境の価値に居住者が改めて気づく機会を提供するなど、新たな可能性を見せつつある。日本でも星野リゾート社長の星野佳路氏が提唱する「マイクロツーリズム」のように、地元を観光することへの期待が高まっている。ワーケーションやブレジャーといったビジネスと絡ませた短期の滞在スタイルにも注目が集まりつつある。[注44]

空間的に見れば、ミラノの取り組みが示唆するように、パンデミックで低迷する飲食業の再生も見据えた都市内街路の歩行者空間化が進むだろう。一方、今後の都市空間の再編にあたり、重要な存在となるのがオーバーツーリズム時代に急増し今後余剰化が予想される宿泊施設である。民泊であれば、元の用途の住宅に戻していくことで、改めて観光に侵食された歴史都心を市民の手に取り戻していく。廃業する宿泊施設については、そこに施設の転用を含めた新たな都市活動のタネを蒔くチャンスを見出したい。[注45] 空間的には、こうしたビフォー・パンデミックの痕跡を地元の小規模経済再生の場や都心への人口回復を支える場として再生していく視点が必要となろう。

ツーリズムの終焉?

2020年6月22日のガーディアン紙は、「ツーリズムの終焉?」というセンセーショナルなタイトルの論説を掲載した。都市部から農村、島嶼部の観光地に言及しながら、今後の観光の可能性を広い視点で論じているこの論考の中で、記事の著者は「観光産業がなければ、ヴェネツィアのゴシック建築の多くは、何年も前に崩壊していたか、再開発されていただろう」と指摘する。[注46] つまり、観光産業が歴史的建造物の保存のための財源となる一方で、観光活動自体はホスピタリティ産業に委ねられ、地域の主体性は置き去りにされてきた。観光と地域の難しいパラドックスがそこにある。

観光産業は、それじたいが収益化するさまざまな地域資源(たとえば歴史的建築物や町並み、美しいビーチなど)にフリーライドすることで成り立っている。すなわち、当該地域の公共財の維持管理にはほとんどコストをかけず、場合によっては当地の税金を狡猾に回避する一方で、大気や水質を汚染し、海岸線を侵食し、無邪気に歴史都心を空洞化する。このように、観光と地域の関係は、さまざまな矛盾を孕んできた。今回のパンデミックは、観光と地域再生の分かちがたき関係を改めて再構築し、観光を事業者の手から解放し市民の手で民主化する大きなチャンスに違いない。

8章　都市デザインは変わるか？

——まちなかの密度回復と3密回避、矛盾解決の挑戦

OECDによる報告書『レジリエントシティ（Resilient Cities, 2017）』は、レジリエントな都市を「持続可能な成長、幸福度、包括的成長を確保するために、ショックを吸収し、新しい情況に適応し、自身を変革し、将来のストレスやショックに備える能力を有する都市」と定義した。[注1] 同じくOECDは、パンデミックのさなかの6月に、コロナ社会に向けた提言集「都市政策対応」（Cities Policy Response）を発表し、今後「スマートで緑豊かで包括的な都市」「循環型経済を基盤とし、デジタル化によって住民の生活がより快適になるような、よりレジリエンスに富んだ環境に優しい都市」へと変貌を遂げる長期的な戦略の構築の必要性を指摘した。[注2] パンデミックを前に、都市は自身をどのように変革していくのか。まさに都市のレジリエンスが問われている。

近代都市計画：過密居住と衛生環境の悪化への対応

都市の危機は、都市の思想・作法に抜本的な変革を迫る。

かつて近代都市計画が誕生・発展した背景には、産業革命による農村から都市への生産機能の移動があった。欧州の囲繞都市では城壁の存在に加え、都市間を連結するような交通機関が未発達だったこともあり、いきおい物理的な都市域の拡大は城壁内に制限され、過密居住が進行した。

居住環境も劣悪だった。ロンドンでは、地下室住居や1室にベッドが6〜7台も置かれているような共同宿舎などが労働者階級の典型的な住まいで、1851年のロンドン都心地区の1戸当たりの居住者数は、9・5人に達していたという。[注3]

こうした歴史的市街地における過密居住の問題は、それ自体が居住環境の劣悪化とその結実としての高い死亡率に直結するという意味において、即刻対処すべき「都市の危機」であった。第10章で紹介しているロンドンのみならず、マンチェスターやリバプールでも産業革命を経験したイギリスでは、大都市の過密居住に起因する衛生環境の悪化が著しかった。労働者の住宅・住環境問題に対する対応策として都市改良法（1847年）、公衆衛生法（1848年）、シャフツベリー法（1851年）が立て続けに制定されていく。公衆衛生の改善が近代都市計画の出発点であった。

パリ、ウィーンと並んで、近代都市計画黎明期の代表的な事業として参照されることが多いバルセロナも、公衆衛生の問題をその出発点とする。19世紀中葉に勃興した産業革命は、当時城壁に囲まれていたバルセロナを瞬く間に粉塵と黒煙の蔓延する都市へと変貌させた。上下水道等のインフラの決定的な不足は、コレラを町中に蔓延させ、当時の労働者の平均寿命が20歳程度に落ち込むほど、居住環境の悪化が顕著だった。

コレラ禍という危機は、必然的にその将来の都市像を議論する機会を生む。市はバルセロナの将来の都市構造を決めるためのコンペに打って出る。さまざまな計画思想のもと、数多くのプランが提出され、政治的な紆余曲折をへて最終的に土木技師セルダの「バルセロナの改善および拡張計画」（1859年）が実施された。セルダ案は、都市全体を外側へ効率よく「拡張する」ことで、稠密市街地の問題を解決しようとした。過密居住であり、たびたびコレラの感染の中心地となった旧市街には広幅員の都市計画道路を通すことで平面的な密度を低下させ、今後の人口増加と新たな交通手段の登場をにらみつつ城壁外の平地を区画整理し、各区画の2側面のみに4階建て16メートルの街区を建設することで、平面的・垂直的な密度を抑えようとする内容だった。

都市計画は「適切な密度」のコントロールに腐心してきた

20世紀の最初の半世紀に都市を襲った危機は、主に震災や戦災だった。甚大な被害を受けたエリアの多くは、建築物の脆弱性もさることながら、密集しているがゆえの防災性の低さを抱えていた。震災復興・戦災復興では、土地区画整理をとおした面的な市街地密度の低下が図られた。建築物は不燃化が図られ、道路の拡幅に応じて中高層化が進んでいく。近代都市計画が一貫して志向したのは、水平方向の密度を低め、垂直方向の密度を高める方法であった。1960年代のアメリカのアーバン・リニューアル政策で実施された、不良住宅集積地を除却しその跡地に公営住宅団地を開発するスラム・クリアランス事業も、平面的な密度を下げながら垂直的な密度を上げることにより住環境を改善し一定の人口数を維持しようとするものであった。しかし、周知のとおり、スラム・クリアランス型再開発には問題点が多く、現在の都市居住再生施策としては修復型改善事業や小規模なコミュニティを基盤に展開する建て替え事業等が主流となっている。[注4]

密度の操作は、市街地レベル（道路拡幅や空地の創出等により密集度合いを軽減する）での展開に加え、欧州では街区レベルでも実施されてきた。ドイツや北欧では、密集市街地内の小規模な街区単位の再開発や修復に際して、街区内を埋めている低質だったり老朽化していたりした建造物を除去することで建築面積を減少させ、道路に面する健全な建築は残しつつ街区全体の居住環境を改善する「くりぬき手法[注5]」がしばしばとられてきた。バルセロナでもスラム化した旧市街の界隈のうち、とくに劣悪な環境にあった街区を除却して新たに広場として再整備する多孔質化と呼ばれる減築による再生手法が主に１９９０年代以降展開されていく。[注6]

まちなかの密度回復を志向した都市再生運動

洋の東西を問わず、近代化の過程で問題が噴出したさまざまな都市空間――たとえばモータリゼーションの進行とともに空洞化が深刻化した歴史的市街地、計画コントロールがなされることなく場当たり的に郊外部に建設された大規模住宅団地、スプロールにより食いつぶされた自然環境、グローバリゼーションのもとでの産業構造の転換を受けて発生した大規模な工場跡地など――を、主に空間の観点から再生し、人間らしい環境を取り戻そうとする運動が諸都市を席捲した。建築・都市計画分野からの近代の見直し論の一環として展開された、都市のあり方を根底から問い直す「都市再生運動」である。[注7]

環境の側面から見たサステイナビリティのひとつの形態的応答として議論が進んだのがコンパクトシティ論である。都市のアイデンティティを担う歴史的環境の保全、公共交通の導入による自動車交通量の削減と歩行者空間の創出、見捨てられていた公共空間の回復、郊外の有効な土地利用コントロールによる自然環境の保全（グリーン・コンパクトシティ）は、都市再生運動初期の事例に共通し、かつ現代でもなお有効な都市デザインのボキャブラリーだ。[注8]

欧州では、将来の都市像について１９９０年代に精力的に議論された。[注9] 欧州諸都市の再生は「高密度居住」「多様性と混合用途」「ヒューマンスケールな都市空間」を特徴とするまちなかの存在抜きには語れない。具体的な方法として、歴史的市街地を代表する「まちなか」の衰退に対して、根源的な都市力を取り戻すために、機能別に都市を分断してきたゾーニング手法を脱し、用途を混在させ密度を上げる戦略が取られていく。都市再生とは、何らかの理由で機能が陳腐化したり活動が停滞したりすることで「抜け殻」のようになった既存の空間に社会的・経済的な新たなプログラムを埋め込み、空間を改善することでもあった。この30年あまり、各都市は高密度な歴史的市街地の価値を見直し、その密度回復（空間的・経済的・社会的）を図ることに腐心してきたのである。

一方、２０００年代に入ると、経済成長期には想定されていなかった問題が顕在化・深刻化する。都市内での局所的な人口流出（あるいは都市レベルでの人口減少）、空き家の増加などである。これは居住空間の密度が疎になっていく問題である。わが国でも、都市の郊外化（スプロール）に伴う財政負担の拡大や高齢者等の交通弱者の増大などを背景に、立地適正化計画が２０１４年に導入され、郊外に分散した都市構造を中心市街地に集約的に再編することが国策となっている。東ドイツの諸都市では、居住環境の劣悪さ等から人口減少に見舞われた郊外の団地において、分節や減築をしながら蘇生を図っている。[注10]

また、低利用状態にあった公共空間を市民の利用をとおして日常的に愛着のある場に変えていくプレイス・メイキングや身近な生活空間から戦術的に都市を変えていくタクティカル・アーバニズムといったここ10年あまりで世界的に定着をみた運動は、活動が低密度だった場所に密度回復のための仕掛けを挿入していくことでもあった。まちなかは、空間的な意味においても、活動的な意味においても、「適切な高密度」を希求してきた。

パンデミックは都市空間に何を問いかけているか？

村山（2020）は、パンデミックを受けてソーシャルディスタンスの確保が重要視される中、これまで是とされてきた密度の高い集約型の都市構造が問題視され、より密度の低い分散型の都市を目指すべきだという主張があるが、これは短絡的であると看破する。[注11] 同記事の中で、村山はニューヨーク市の住宅やプランニング方針に関わる研究・教育に取り組む非営利団体GHPC（Citizens Housing & Planning Council）のレポート「ニューヨーク市における密度と新型コロナウイルス感染症（COVID-19）」が定義する4つの密度を紹介している。それらは、「居住人口密度（Residential Population Density）：都市計画やさまざまな政策を検討するためによく使用される単位面積当たりに居住する人口」「内部居住密度（Internal Residential Density）：ある住宅に定員を超過して多くの人々が居住する状況」「施設居住密度（Institutional Settings Density）：ホームレス・シェルター、刑務所、老人ホームなど共用の空間や施設に多くの人々が集住する状況」「公共空間・職場密度（Public Spaces & Workplace Density）：多くの人々が共用空間で働いたり、スーパーマーケット、地下鉄車両、ジム、礼拝所などの公共空間を共用したりする状況」である。[注12]

このうち、これまでの政策としての都市デザインは「居住人口密度」のコントロールを、実践としての都市デザインは「公共空間密度」の適度な回復を希求してきたと言い換えられそうだ。一方、ソーシャルディスタンスの確保は、「施設居住密度」と「公共空間・職場密度」を問うていることになろう。

また、「住む」「働く」「憩う」「動く」機能の再考も問われている。私たちの日常生活の中で、最初に影響が及んだのは「働く」機能ではないだろうか。パンデミックはライフスタイルやワークスタイルの一時的・暫定的な変化をもたらしている。在宅勤務の実施は、満員電車に揺られて通勤する日常風景をかつてのものとしている。オンライン勤務は自宅内のワークスペースの確保を促し、通勤疲れがなくなった週末には家族との時間の増大をも呼び込んでいる。

「憩う」機能、すなわち余暇活動も当面大きく変わることが予想される。在宅勤務はパンデミック以前よりも自宅で過ごす時間を飛躍的に増加させたが、一方で個人レベルの移動の制限も課せられたことで、以前のような遠距離の旅行は容易ではなくなった。世界的に空路が制限されている現在、いつになれば海外旅行に出かけられるかも定かではない。よって、余暇活動の対象地として「近場」に目を向けざるを得ない。地元の商店街で買い物をしたり、地元の未踏の寺社仏閣を巡ってみたり、近隣の公園で遊んだり、川沿いをジョギングしたり、あるいは日帰り観光を楽しんだり、といった余暇活動が主流となるだろう。地元を観光することはマイクロツーリズムとも呼ばれ、[注13] 苦境の立たされている観光業界を活性化させる切り札のひとつとしての期待も高い。

こうした「憩う」機能の変化は、「住む」機能にも影響を与える。界隈レベルの良さに気づいたり、あるいは問題点を発見したり、という住環境の価値に改めて気づく契機ともなるだろう。空間や場所に対するオーナーシップ（地域資源への当事者意識）の涵養は、パンデミック後のほうが進む可能性がある。建築的に見れば、住宅のプランニングの潮流が1室の大空間から個室化へと変わり、それに伴い換気計画の見直しが進むと専門家は見ている。[注14]

パンデミックを機に都市デザインを好転させる

パンデミック後の都市デザインの方向性を、専門家集団が明確に提示した例がある。2020年4月に、バルセロナに拠点を置く建築・都市デザインの専門家を中心に他国から多くの署名を集めて宣言された「新型コロナウイルス感染症（COVID-19）後の都市の再建へ向けたマニフェスト」である。[注15] この宣言は、バルセロナでは4月初旬のロックダウン期間中に自動車や2輪車の減少に起因して大気汚染や騒音の大幅な減少がみられたり、オーバーツーリズムの突然の終焉が地元の人々の生活にプラスの状況をもたらしたりしている状況を踏まえ、パンデミックを都市にとっての好機に転じるべきであるとする。具体的には以下の4つのテーマを掲げ、それぞれに提

案の方向性を示している。[注16]

第一は、モビリティの再編・大気汚染の劇的な減少・街路の再価値化である。自家用車やバイクの使用を削減し自転車と徒歩を都内交通の軸として位置付けること、ソーシャルディスタンスを確保するために車道の歩行者空間化や自転車レーンのさらなる整備、街路や広場をこどもの遊び場として利活用していくことなどが盛り込まれている。

第二は、都市の（再）自然化である。バルセロナは欧州都市の中でも緑地が相対的に少ない都市であり、その程度を他都市と同等（住民1人当たり25～30平方メートル）にまで増加させること、そして都市内に緑のコリドー（回廊）を創出し生態的多様化を増大することなどが盛り込まれている。

第三に、住宅の脱商品化である。オーバーツーリズム以前からバルセロナで顕著だった不動産投機は、住宅困窮者を多数生み出した。オーバーツーリズムはその流れに拍車をかけた。都市に緑地を増やすとその周辺地域の地価が上昇する「緑のジェントリフィケーション」の発生を念頭に置きながら、高齢者を中心に社会的弱者が住み続けられ、ホームレスへと転じることのないように、家賃のコントロールや公営住宅のさらなる整備、民泊を激減させ改めて賃貸住宅をストック化することなどが提案されている。

第四に、脱成長である。オーバーツーリズムを誘発したクルーズ船の制限、現在の空港の規模の維持、これ以上の美術館の新設の禁止、協同組合やシェアリングエコノミーを増加させ小規模生業を促進すること、観光活動の低減、「バルセロナ・ブランド」に関連する投資の停止などが盛り込まれている。

こうした提言は、パンデミックへの独自の対応としてどの程度まで固有性があるのか一見定かではない。いずれも、パンデミック以前から都市デザインが追求してきた原理に思われるからだ。しかし、パンデミックが以前から顕在化していた諸問題の存在を改めて浮き彫りにした、ということでもある。このマニフェストは、やや環境主義的かつ反資本主義的なきらいはあるものの、パンデミック後には多くの都市が観光復興をはじめ経済回復を急ぐ対応に邁進する可能性がある中で、高齢者やホームレス、こどもといった社会的弱者が抱える問題をまず解決するような都市政策の重要性を指摘する。より包摂的な都市空間の形成に向けた今後の都市デザインの基本的視座を示唆している。

こうした方向性は、本章の冒頭で紹介したＯＥＣＤの「都市政策対応」においても確認されている。同報告書は、パンデミック後を見据えた長期的な再生とレジリエンスの確保のために、新型コロナウイルス感染症で打撃を受けた社会的弱者の包摂の道筋を示した「包摂的な回復」、資源のより効率的な利用や循環型経済の推進、自動車交通からの大幅な転換等、地球レベルでの環境改善を念頭に置いた「緑の回復」、自治体のサービス、情報、参加手段、文化的資源のデジタ

ル化を進める「スマートな回復」などを提唱している。[注17]

展望1：都市構造の再編──歩行者空間化のさらなる進展

ソーシャルディスタンスを確保しながら、快適な生活を実現するために、歩行者に有利な都市構造へ再編し、路上に新たな活動の可能性を見出す政策がこれまで以上に進展することが予想される。以下に示すように、すでにいくつかの欧米諸都市では、道路空間の再配分による車道の歩道への転換や既存の歩道そのものの拡幅、広域に及ぶ自転車レーンの設置、緑道の整備などを進め、十分な社会的距離を確保しながら地元経済の回復や都市生活の再構築を図りつつある。

ニューヨーク[注18]　新型コロナウイルス感染の激震地となったニューヨークでは、ソーシャルディスタンス確保のための都市政策として5月より「オープンストリート」が実施されている。これは、感染が収まるまでの間、毎日原則午前8時から午後8時まで一時的に車道を歩行者空間として開放し、社会的な距離感を保ちながら歩行者や自転車が路上や路肩を利用できるようにする取り組みである。[注19]オープンストリートの期間中は通過交通の通行は禁止される。自動車交通は、地元の配達、一時的な乗降車、必要な市のサービス車両、特定用途車、緊急車両に制限される。

また、小学校等、教育施設に面する道路で屋外学習が行えるようにする「屋外学習：アウトドア・ラーニング」[注20]や、飲食店の屋外席の利用拡大を促進する「オープンストリート・レストラン」[注21]といった取組みも合わせて展開されており、路上における活動の多様性につなげようとしている。[注22]夏の暑い日には、オープンストリートの中から、植栽の密度が高く街路に落ちる木陰が気持ちよく、ひとときの涼しさを享受できる場所を「クールストリート」として選定する試みも実施された。

これらは逆境を利用して街路空間の価値を高める取り組みであり、市民・事業者ともに評判も上々で9月25日にはオープンストリートの取り組みを恒久化することが発表された。[注23]コロナ後の新たな都市風景として一層の展開が期待される。

ロンドン[注24]　ロンドンは、一時的な自転車レーンの設置や歩道の拡張により街路空間を歩行者優先に変えていく「ストリートスペース・フォー・ロンドン」を5月より実施している。具体的な目標としては、「ソーシャルディスタンスを確保しながら、人々がより簡単かつ安全に歩けるようにする」「人々がより頻繁に歩いたり、自転車に乗ったりできるようにする」「自動車利用の急激な増加を回避する」「すべての人の健康を守り、二酸化炭素排出量を削減するために、ロンドンの空気をできるかぎりきれいに保つ」ことを掲げている。いくつかの区では、生徒の送迎の時間帯に学校前で自動車の通行を制限する「スクールストリート・プログラム」も合わせて実施される。

当面の具体的な措置は、自転車ルートの拡大、都心の道路を歩行者・自転車・バス専用の遊歩道へ転換すること（ビッショップスゲート地区）、歩道の拡幅、交通量の少ないコリドーの創出などが挙げられている。

ブリュッセル[注25]　5月以降、旧市街を中心に広がる都心部の外周道路で囲まれた5角形状の「ペンタゴン」と呼ばれるエリア内の歩行者優先化を図っている。路面電車やバスが利用するエリア内の主要な通りでの最高通過速度は時速30キロと定められ、それが時速20キロにまで制限される箇所も複数定められている。半年間の期間限定での実施である。

ダブリン　ダブリンでは、ロックダウン後の人々の交通行動の変化とソーシャルディスタンスの確保に応じるため、「市内への安全な移動を確保すること」と「市と地域の経済再生を支援すること」を目標に、歩行者優先ゾーンの拡大、自転車レーンの整備、待ち時間にディスタンスを保てるようなバス停スペースの拡大、中心部の周辺部に駐車場を整備する等、一定の自動車の利用に対応すること、サイクリングやウォーキングの普及を可能にするためのバスルートの変更、

を実施している。[注26]

わが国でも、国土交通省が「ストリートデザインガイドライン」（2020年3月）を策定した。今後、まちなかの歩行者空間化政策に期待を寄せ、実践へとフェーズを移す基礎自治体が増加するなど、改めて多様な観点を融合した都市戦略が問われることになるだろう。

展望2：自律的な「界隈」の再構築

新型コロナウイルス感染症は、都市内における「近隣界隈」の価値の再発見に繋がっている。[注27]すなわち、歩いて回れる範囲で一定の生活を成立させる自律的な界隈の重要性である。最近では、第6章でも紹介されているパリの15分生活圏形成の取り組みが知られているが、こうした徒歩圏内で生活の基盤を整備していく都市デザインは、それ以前からいくつかの都市で実践されてきた。たとえば、「人間らしいスピードで歩いてまわれる生産的な界隈で構成された自給自足の都市[注28]」を目指すバルセロナでは、すでに2015年頃から、半径500メートル・徒歩10分圏で「住む」「働く」「憩う」ニーズを十分満たすような界隈づくりに取り組んできた。そして、各界隈は遊歩道や公共交通、デジタルネットワークで接続されていく。都市全体を個別具体の要求に対応できるような自律的な単位に分割し、都市機能の再配分を誘導することで、大きな移動や密になることを避けながら快適な時間を過ごせる居場所（小さな空間）を埋め込んでいく。徒歩圏内、すなわち「界隈」における生活基盤を再生することは、コロナ禍で打撃を受けている地元小規模経済の再生にもつながる重要な視点である。

展望3：遊休不動産の暫定利用の進展

すでにみたように、外部空間の積極的利用は、パンデミックを機に大きく進むものと思われる。その際、遊休化している空間を暫定的に柔軟に使いこなす動き、すなわち変化の過程で置き去りにされたままの「空地」を再編集する動きが加速する。不動産の所有と利用の分離はまちづくりにおける長らくの課題であるが、不動産運用の先行きが不透明である時期だからこそ、その暫定利用による市民の活動の場の創出は以前にも増して重要性をもつのではないだろうか。

バルセロナが2012年以降主導している「空地活用プログラム」（Pla Buits）は、都市内に生じた空地（公有地）を対象に、市民参加や市民による公共空間のマネジメントを促進するような用途や活動を期間限定で埋め込むことで、地区再生のきっかけをもたらすことを目的としている。経済利潤の最大化ではなく、社会的利潤の創出のためのツールである。応募はコンペ形式で行われ、地区にとっての対象敷地の重要性やプロジェクトの経済的自立性、社会的効用、創造性・先駆性等を評価基準に、実施者が決定される。空地はコミュニティ農園として暫定利用されているところが多い。

パリでは、新型コロナウイルスの発生以前から、南西部のエリアにあるコンベンションセンターの屋上（サッカー場2面分もの広さに相当）を暫定的に都市型農園として利用する取り組みが展開されてきた。[注29] パリのアンヌ・イダルゴ市長は、長きにわたり都市農業を支援してきた。2016年には、環境にやさしい農業プロジェクト（Parisculteurs）を発表し、空地を農地に暫定利用する人がスタートアップ資金を受け取る仕組みを作っている。それ以来、当プロジェクトにより資金援助を受け38の新しい都市農園が開園し、毎年800トンにのぼる果物や野菜を生産している。[注30]

展望4：公共空間利用の挑戦的な動きが加速する

展望1で見たように、パンデミックをきっかけに新たに歩行者空間化政策が展開されるケースが多いが、すでに取り組んできた都市デザインの実践をさらに強く推し進める例も少なくない。

公共空間の再生による都市デザインで知られるバルセロナは、パンデミック以前から精力的に歩行者空間化を進めてきた。メディアにも取り上げられることが多いのが「スーパー・ブロック計画」だ。これは、計画的に形成された新市街地を対象に、400メートル四方（9街区分）、徒歩約5〜10分の圏域を歩行者空間化し都市機能の再編を促すプロジェクトであり、[注31]「遅い交通」という概念の導入により歩きやすい地区環境の実現を図るものである。スーパー・ブロックは社会実験をへて、現在では複数のエリアで実装が進みつつある。また、「スロー・ランブラ」のコンセプトのもと、メインストリートであるランブラス通りの現在の車道（1〜2車線）を遊歩道化する大胆な計画[注32]や、都心の主要幹線道路の道路空間の再配分による「メインストリートの歩行者空間化による環境負荷低減プロジェクト」も進行中だ。後者は、旧市街を貫通し市内でも有数の交通量を誇る都心主要幹線道路において、歩道の拡幅（2・5メートルから4・15メートルへ）、バス・タクシーは歩道沿いに、自転車は道路中央部に専用道を設置、自動車は一方向のみ通行可能（ただし時速30キロの速度制限）等の設定がなされている。[注33]

タクティカル・アーバニズムやプレイス・メイキングといった近年の都市デザインの潮流は、いずれもすでに建造された都市空間を市民が自らの手で生活に必要な空間へと変えていくボトムアップ運動であると理解できる。[注34]こうした公共空間を利活用する動きは、パンデミック発生後も、あるいはその最中だからこそ、勢いを増している。とくに、小規模な飲食店をはじめとするローカル経済の再生を念頭においた街路や広場の利用は世界的にも大きなトレンドだ。わが国でも、国土交通省が「新型コロナウイルス感染症対策のための暫定的な営業であること」「3密の回避や新しい生活様式の定着に対応すること」「施設付近の清掃等にご協力いただけること」を条件に、路上利用を緩和する緊急措置を実施している。[注35]

懸念：社会的格差の増大

ＯＥＣＤの「都市政策対応」によれば、新型コロナウイルス感染症の影響は、都市空間の密度だけではなく、むしろ都市の構造的な経済的・社会的条件によって大きく左右される。[注36]社会的不平等、不十分な住宅事情、ある特定のエリアへの貧困層の集中などが顕著な都市は、パンデミックに対してより脆弱であることが浮き彫りとなった。ポスト・パンデミックには高密度なまちなかが避けられ、活動や経済の拠点の一部が郊外に分散化する（すべき）という論調には一定の妥当性があると思われるものの、それは人々が移動の選択肢に不自由しないことを前提としているのであって、現代都市には逆にそうした移動権を持たない層が増えていることを忘れてはならない。女性、子ども、ホームレス、高齢者などの脆弱な立場に置かれた人々の包摂は、以前よりも重要性を増している。同報告書において社会的格差を是正する対策として「地域の中小企業の支援や雇用の確保」「手ごろな価格の住宅の修復や新規供給」「脆弱な世帯への支援」が提言されているように、[注35]居住環境や雇用環境の確保は地域間・世代間の断絶を防ぎ、都市における多様性の価値を維持するためにも不可欠となろう。

ＥＵの現行の都市政策プロジェクトであるＵＲＢＡＣＴはあるテーマ（政策課題）を設定した上での政策形成ネットワークであるが、２０２０年８月６日に「新型コロナウイルス感染症（COVID-19）以降の貧困エリアの住環境への対策について」と題した声明を発表し、パンデミックの中、貧困エリアが直面している諸課題について、その現状と対応の方向性を示した。それらは以下であった。

- 住宅問題：多くの都市では、立ち退きのモラトリアム、（家主を支援する一方で）家賃の値上げの制限、住宅ローン保有者への支援、アメニティの低下の防止などの措置を導入している。
- ホームレス：シェルターの容量と安全性を高めることに重点を置いた措置が講じられている。最貧層向けにホテルの部屋を代替の宿泊場所として提供している例も。
- ゲットー地域：とくに大都市近郊部の貧困層の集住地は非常に困難な状況にある。地方自治体は基本的な食料供給を行いながらも地域全体を隔離（封鎖）していることが多い。
- 公共空間の民主化：多くの都市では、車の利用よりも徒歩や自転車の利用を優先した空間整備を進めている。タクティカル・アーバニズムや都市空間のコモンズ化（地域資源の共同管理・活用）は、相対的に環境に劣るコミュニティを支援しながら公共空間を再構築するための有効なツールとなるだろう。

● 食糧：貧困層の飢餓を防ぐために、食料生産や宅配サービス、緊急時の介入を支援する取り組みを進める。

● インクルーシブ教育：デジタルツールへのアクセスを提供することで、オンライン教育の質と包摂性を向上させる（例：ハーグは低所得者層に３３０台のノートパソコンを配布）。

● 高齢者ケア：介護施設（多数の高齢者が主なリスク要因となる）と自宅（孤立していることが多い）で、多くの高齢者が健康リスクに直面している。ビルバオのように、地域社会の脆弱なメンバー、とくに高齢者を守るための見守り活動を展開している都市もある。

コロナ後の都市デザインは、まちなかの密度回復という伝統的手法を継承しつつも、パンデミックという困難な状況に乗じて、公共空間のさらなる拡大や社会的弱者の包摂といった従前からの諸課題の解決を図り、環境的・経済的・社会的レジリエンスを可能な限り高める方向にアクセルを踏み込んでいる。

9章　パンデミックの衝撃、そしていかに戦ったか

——ヨーロッパ都市の場合

世界の人口の54％が都市に暮らす。ヨーロッパでは75％に達する。2019年末には、都市人口は2050年までに少なくても10％増加する、という見通しが支配的だった。ところがコロナ禍に見舞われ、この見通しは怪しくなった。都市は、人々が近接して暮らし、そして集う高密度なところである。そのためウイルスが拡散するリスクが高いし、ソーシャルディスタンスを実践するのも大変である。とくに都市は、越境するビジネス、そして移民のハブになっており、人々の接触をとおしてパンデミックを増幅させる。加えて不平等と貧困が積層する都市の場合、そうでない都市に比べて感染症に対してはるかに脆弱である。実際、不平等とパンデミックは、相互に状況を悪化させる——都市における不平等は、ウイルス感染を広げる可能性を高めるし、パンデミックは不平等をさらに増幅する。

しかし、都市の高密度に焦点を合わせると高密度の利益を見失う危険がある。都市圏の中心に人々が集積することで経済開発と人々の豊かな暮らしが達成されている。高密度は、労働市場での円滑な需給、生産性の向上、そして行政サービスのコスト削減を実現している。同時に、建物が物理的に高密度であるということは、直ちに人口密度が高いということにはつながらない(Cotella & Vitale Brovarone, 2020)。

パンデミックの初期の段階では、政策決定、規制、情報交換、研究は、それぞれの国レベルで収まっていたが、コロナ禍が拡散し、政策決定を改善する余地が生まれた。もし、アフターコロナの時代の暮らしがアゲインストコロナの時期のままだとすれば、新しい、長期的な視点から都市の再構築が必要になる。都市空間について大切なことは、これまでとは違ったニーズをよく考え、モビリティのロジック、また都市の基本的なアメニティやサービスへのアクセスをめぐるロジック――を転換させることである。循環型経済、SDGs（持続可能な目標）の地域化、戦術的なアーバニズムなどの考え方は、より優れたQOL（生活の質）を達成するし、同時に生産性、社会的包摂、そして環境の改善を維持することにつながる。これらのことを念頭に置きながら、本章では、2つのテーマについて記述する。

①ヨーロッパ都市が経済的、社会的に受けたパンデミックの衝撃を簡略に整理する。

②そこで取り組まれた都市政策とその実践から幾つかの学びを要約して紹介する。

この2件の話題をとおしてアフターコロナのヨーロッパ都市、および都市政策を再考し、有意義な知見を得ることが本章の狙いである。

都市経済への衝撃

100以上の国でロックダウンが実施され、コロナパンデミックは、21世紀に入って3度目の（9・11、および2008年のグローバル金融危機）、そしてもっとも深刻な経済的、社会的な衝撃になった。この衝撃の蔓延は――ロックダウン、ソーシャルディスタンスの結果、とくに都市のしつらえへの衝撃をとおして――グローバルに生産活動を停止させ、サプライチェーンを痛打し、また消費活動を大きく低下させてサービスを劣化させることになった。この数ヶ月の間、ウイルスを抑え、病院、健康管理インフラへの負担を軽減するために、厳しい施策が取られてきた。当初、もっとも急がれたのは、死亡者、および発症者を最小にすることだった。しかし、パンデミックは、重大な社会的、経済的危機を引きおこした。幾つかの研究によれば、2020年の世界経済は、先例のないほど縮退する。OECD加盟国については、第2波に見舞われれば、2020年末までにGDPが9・5%マイナスになる。1930年代の、大恐慌以来の経済的な縮退になる（OECD, 2020a）。

都市は、この文脈を踏まえてローカル経済／金融の危機、その結果を検証するようになった。都市はその主要産業、および税収源などによって危機的状況に大きな違いがあるが、押し並べてGDP、および雇用をめぐって厳しい局面にある。経済活動、雇用が縮退し、厳しい税収減に直面している。ヨーロッパ都市地域委員会（CEMR）が地域金融への衝撃を調べているが（2020年5月）、地域金融機関の稼ぎへの影響に止まらず、都市政府は、危機の最前線に立たされ、大きな財政支出を迫られている。[注1]

同調査によると、財政支出の増加は、大方、行政職員と感染防止に当たっている人々を感染から守る機器の購入、ロックダウンと保全対策の実施、そして危機に脆弱な人々のための対策から生じている。税収減は、経済活動が劇的に低迷し、個人所得税、法人税がマイナスになったためである。さらにOECDは、コロナ禍の地域的な衝撃を政府レベルについて調べているが、中央政府以下の政府レベルでは、予算の緊縮が長期化する、と指摘している。[注2] この危機は、短期的には健康および社会関連支出の負担増になるが、同時に中期的にも大きな影響が予想される。OECDの調査は、財政支出削減によっておきる弊害について警告を発し、公共投資にしっかり取り組むと同時に、税収減と財政支出拡大の「挟み込み効果」を回避するように、と呼びかけている。

パンデミックの都市経済への影響を考える際、「ツーリスト都市」について関心がある。ツーリズムは、もっともパワーのある、成長力のある産業で、しかも猛烈に新自由主義型産業である。しかし、今度のパンデミックでは、こっぴどく叩かれ、グローバルなPIL（公益訴訟）をめぐってその10%を占めるほどになっている（UNWTO=世界旅行機構調べ）。また、IATA（国際航空輸送協会）の調べでは、2020年3月に450万便のフライトがキャンセルされ、年間の損失は3千140億ドルに達すると見込まれたが、2020年8月には世界のフライトの52%が削減され、見込まれる損失総額は4千190億ドルに膨れ上がった。

EU加盟国については、間接、直接を含めてツーリズムの関連産業は、GDPのほぼ10%を占め、ツーリズムの年間総付加価値は7千870億ユーロに達する、と見做されている。実際のところ、2018年には5億6千300万人の国際旅行者——グローバル旅行者の30%——の訪問があった。ところが3月には、訪欧者が98%も落ち込み、コロナ禍はヨーロッパ全体のツーリズムに打撃を与えた。UNWTOは、2020年通年で60~80%の国際ツーリズムの縮退を予想している(世界の輸出勘定で8千400億ユーロから1兆1千億ユーロの損出)。

都市に関してだが、パリでは、3月中旬までに経済活動が37%マイナスになった(フランス全体では34%マイナス)。その危機は、パリに4億ユーロのコスト負担になった。バルセロナでは、GDPが14%減少し、2009年の金融危機の時の4倍のマイナスになった。英国の中核的な都市(ベルファスト、バーミンガム、ブリストル、カーディフ、リーズ、リバプール、マンチェスター、ノッティンガム、シェフィールド)では、2020年5月22日までに全体で6億ポンドの負担を被った。アムステルダムでも、ツーリズムへの影響を考え、当初からその経済的影響についてては深刻な見方がなされていた。(確認はされていないが)危機が続けば、毎月16億ユーロの経済的落ち込みになる、と言われる。1・5~2・8%のマイナス成長である(コロナ禍前は2・3%の成長が見込まれていた)。移動制限がマドリードの労働市場に与えた衝撃に関する調査では、制限から2ヶ月後に6万500人の雇用が直接的に失われた(間接的な影響を考慮すると10万8千人になる)。分野別では、健康・福祉(ホスピタリティ)部門がもっとも深刻で全体の31・8%(1万9千227人)。ついで小売りの11・3%(6千850人)、個人向けサービスの

5・6%（3千425人）、そして文化分野の2・5%（1千497人）の雇用喪失だった。

しかし、経済的、社会的なこうした危機にもかかわらず、これらの都市は、完全に経済が崩壊する、という事態にはいたっていない。それぞれの複合的な経済構造のおかげである。それに対してイタリアのヴェネツィアやフィレンツェのような、とくに国際的なツーリズムに大きく依存している都市、および地域は、突然のコロナ禍対策のために街が空っぽになり、崩壊の危機に直面した。イタリア旅行庁（INTA）は、2020年の国内外からの旅行者は2019年比46%減少になる、と推定している（海外からの旅行者は58%減、5千300万人減）。1億7千200万人の投宿客のマイナスである。

モノカルチャーのツーリズムについては、社会的、文化的な反発から「住民のための都市ではなく、ツーリストのための都市になっている」という指摘（Colomb & Novy, 2016など）、あるいはツーリズムは「非サステイナブルである」という問題提示や非難がすでにあった。それが今度は、経済的な側面でその脆弱性を露呈した。コロナ禍は、ツーリズムに偏重した経済モデルが抱える問題点と矛盾を顕在化させた。ツーリスト都市（しばしばそこではツーリストと住民の間の均衡が崩れている）は、過去数十年、旅行産業の成長に伴走して大きな構造変化を経験してきた。そして（住宅地区、商業地区の）ジェントリフィケーションとツーリズム化（ツーリズムの変容＝新しい都市政策戦略における「文化的な取り組み」、すなわちツーリストを引き付ける都市の創造戦略）の波は相乗し、人口動態および利用できる都市サービスのあり様に大きな影響を及ぼしてきた。ツーリズム化が住宅市場（Airbnbなどのプラットフォーム経済の浸透によって悪化している）、公共空間の利用、そして交通機関とインフラに対して与えるインパクトが、きわめて大きくなっている。都市と地域が旅行者優先の、そして究極の消費の対象になり、住民がそこからますます排除される――そうした文脈において、都市空間、労働市場、経済の目標が、ツーリストそしてツーリズムにもっぱら焦点を合わせるようになると、都市はいろいろな副作用を生み出す。

ヴェネツィア都市圏では、65％の労働力がツーリズムで雇用され、2019年には3千600万人の訪問客があった。最近は、その歴史地区に7万人が暮らしている。しかし、家賃が高騰し、交通機関は、常々、大混雑してサービスも悪いために、多くの住民は引っ越してしまい、街はツーリストのものになってしまった。最近のヴェネツィアは、ようやく大量ツーリズム、電撃的な旅行者、そして「オーバーツーリズム」を反省し、それに立ち向かうようになったが、経済の多様化への取り組みはまだまだである。イタリアがロックダウンされた最初の日に、空っぽになったヴェネツィアの街路や運河が世界にTV放映されたが、それはこうした極端な、経済特化の結果である。旅行者が来なくなって市内はガラガラになった。そして住民も自宅に閉じ込められて街にいなくなったけれど、しかし、それはずっと以前からのことで、単にコロナ禍ゆえではない。
オーバーツーリズム――ツーリズムの衝撃が、ある時、ある場所で物理的、環境的、社会的、経済的、心理的、そして政治的な容量の分水嶺を超えた状態――は、最近、EU委員会でも問題視されるようになった。過去10年間、各地でツーリズムに対する多くの抵抗、反抗の事例が出現した。そして反ツーリズム南ヨーロッパ都市（SET）のようなネットワークが2018年に結成され、大量の、過剰化するツーリズムをめぐる討論がはじまっている。コロナ危機は、こうした都市経済モデルの弱さを明らかにすることになった（Tozzi, 2020）。研究者や活動家は、今後、周遊禁止が取り止めになり、ツーリストがEU都市に戻りはじめた時に、「普段のビジネス」に戻るのを急かすようなことには反対する提案をしている。ゲインフォース（Gainforth, 2019. 9）が語ったように、視点を変えなければいけない。「〈サステイナブル〉なツーリズムを考える前に、だれでもその都市に暮らせるようにすることである」。しかし、パンデミックの経済不況は、都市や地域を、再度、できるかぎり多く、できるかぎり迅速に、ツーリズム（しばしばオーバーツーリズム）依存に誘導するように作用するかもしれない――その副作用をものともせずに。

コロナ禍の裏返し、そして都市空間をめぐる不平等の増幅

都市は、多様なものが出会い、交流する場所だが（Wirth, 1938）、同時に社会的な階層化をとおして、空間とまちの風情をもっとも鮮明に示すのに長けた場所である。伝統的に、都市には革新とチャンスがあったが、同時に不平等を生む場所でもあった。そして昨今の都市化のパターンは、都市内、そして都市と地域の間で、地理的に社会的不平等と分極化を育むプロセスを包摂している。空間（space）と場所（place）は、結局、現代社会がどのように階層化しているかを認識するのに、重要な役割を発揮する――そうしたものとして捉えられている。ふるい不平等も新しい不平等も（所得の、消費の、居住の、移動の機会の、安全や全般的な人生のチャンスの不平等）、社会的な分断の仕方、サービスへのアクセスの違い、都市環境の差異、移動と定住の仕方の違いをめぐって固定化される（Tonkiss, 2013）。そしてコロナ禍は、既存の不平等を都市暮らしの違った次元に拡散、増幅させる。[注3] 以下の項では、とくにハウジング（住宅、あるいは住宅供給）と公共空間に関する問題に傾注して考える。その際、ロックダウン、それに続いての規制のタイミングをめぐってヨーロッパの研究者や活動家、政治家がどのような考察を行ったかに注目し、それらに磨きをかけながら事柄を考える。

ハウシングに関して

パンデミックの間、人々は、見通しを立てられない状況下、ウイルスの拡散から身を守る用心のために、また中央政府、地方政府が示した指示や対策、行動規範を順守し、4面壁の家に籠もって多くの時間を過ごした（ステイホーム）。ロックダウン、あるいはもっと一般的にはウイルスの拡散を抑えるために取られた措置は、ハウジングや家庭の「かたち」に新たな、重要な課題を突きつけた。とくにこうした事態では、ハウジングそれ自体を利用できること（とりあえず雨風をしのげる場があること）は当然だが、それに加え、基礎的、基本的なニーズとして安全で適切な広さのハウジングであることの重要性が注目された。

しかし、実際のところ、都市に暮らす人々の間に安全で適切な広さのハウジングが広く、また均等にシェアされている、という状態ではない。むしろハウジングは、社会的な階層化と不平等を反映する資産、またそれらを再生産する資産になってしまっている。結果的に、ハウジングがだれにとっても安全な空間、ということにはなっていない。しばしばそこは、力関係を生産、再生産する空間になってしまっている。たとえば、何処ででも家庭内暴力や虐待が増加している。ステイホームは、そこでの暮らしが孤立すれば、そうした暴力を告発したり、助けを求めたりすることさえ難しくさせる。

ラジカル・ハウジング・ジャーナル・コレクティブ（Vilenica et al., 2020）は、以下のことを強調していた。すなわち、今度のパンデミックでは、ホームレスになる危機と隣り合わせの住民にとっては、直面する命の危険性がさらに増大した。同時に移民や若年層、不安定所得の人々、もっと一般的には住宅を所有できないでいる人々には、入居している公設賃貸ハウジングの危険性が露わになった。この危険性については、いろいろな政策メカニズムが導入されたが、その多くがハウジングを広範囲に金融化させたこととして理解されている。たとえばスペインでは、大規模家主が所有する住宅に暮らす脆弱な賃貸人の場合、家賃の削減、あるいは緊急事態の間は家賃の支払いを組み換えるなどの措置を享受したが、一方、小規模家主が所有する住宅に暮らす人々の場合は、国が支援するマイクロクレジットの利用を勧められた（そうすることによってハウジングの負債化と金融化の新分野が広がる）。

イングランドでは、２０２０年３月に過半の賃貸人が家賃を払えず、「家賃の休日（rent holiday）」などの、後日支払いの遅延措置が取られた。イタリアでは、コロナ禍で経済的困窮に直面した家庭の場合、住宅モーゲージの返済を最大で2度、全体で18ヶ月の間止めることができる選択肢が与えられた。同時に多くの都市政府が家賃支払いを続けるための支援資金を用意した。政府が「帰宅して在宅（ステイホーム）」を求めた政策の枠組みでは、ホームレスになる危険にさらされている家族は、どうしたって特別な困難に耐えなければならなかった。ホームレスについては、ＥＵと英国では、70万人が路上かシェルターで夜を過ごしている、と推計されている。

ロックダウンが実施されたために野宿者は、外にいることを理由に警察から罰金を課せられた（イタリア）。緊急の（臨時の）再ハウジング計画（活動家はこの計画には相反する、アンビバレントな思いを持っているが）、そして移民やホームレスに対する既存の受け入れセンターの開設などが、EU加盟国で実施された。都市レベルでは、[注4]公民パートナーシップ、そしてNGO、NPOの救済活動と連帯する場面があった。

しかし、ステイホームの時期には、EUの主要都市でさえ過密で非健康的なハウジングスペースのことが注目されたように、ハウジングの賃貸期間が安定し、確実だとしても、それだけでは十分ではない。このハウジングスペースの問題は、低所得階層だけではなく中所得階層、あるいは賃貸住宅だけではなく所有住宅者をめぐる問題でもある。都市内の一等地にある小さなアパートは、仕事や消費活動のために外出していることの多い単身者や若年カップルには最良の選択だったが、ロックダウンは、この枠組みをひっくり返してしまった。

フィランドリ&セミ（Filandri, M., & Semi, G., 2020）は、イタリアに注目し、とくに在宅勤務や在宅学習（多くのEU諸国では、ロックダウンが解除された後でも継続していた）が求められたことを引き合いに、適切な広さのあるハウジングの大切さについて考察している。この意味では、コロナ禍は、ハウジングの交換価値よりは使用価値の重要性（所有権よりは利用権の優位性）を浮き彫りにした。また、ウイルス感染が拡散し、たちまち我が家（私的空間）が働き、学ぶ場

（準公共空間）に転換したために、ハウジングの質が問われるようになった。家庭（家族）の空間（居場所）を過度に搾取するということが（たびたび、伝統的なジェンダーの役割を深刻化する可能性を伴って）、住空間をシェアする、という現実を通して立ち現れた。労働者は、生産性に対する変わることのない要求の下、フルタイム雇用に求められるのと同じ注意義務を払いながら、在宅勤務、あるいは仕事をはじめなければならなくなった。また、ハウジングは、そこで働き、学ぶためのスペースを作れるように変更、再考されなければならなくなった。

しかし、キビキビ働くためには、あるいは効率的な遠隔地学習をするためには、スペースがあれば十分というわけではなく、デジタル機器（パソコン、タブレット、安定して優れたインターネット環境）を必要とする。家庭学習の場合には、親に子供の学習を支援するための時間的な余裕も必要である。しかし在宅勤務では、そこで取り込まれる仕事時間にフレキシビリティがない。また、会社は、オフィスの賃料や関連公益費の支払いを中断したり削減する一方、それまでの費用負担をしばしば労働者に付け回しする、ということがおきる。遠隔地学習は、生徒／学生の間の格差を増幅する。幾つかの研究が、適切な学習スペースのない場合、生徒／学生の学業成績が悪くなる、と報告している。こうしたことを考えると、アフターコロナの都市政策を考える際に、安全で適切な広さのあるハウジングを確保することは、とても大切な課題になる。

そして公共空間は

研究者はこれまでも、「公共空間の終焉」を叫び（Sorkin, 1992）、公共空間が管理され、私有され、消費されることに異議申し立てをしてきた。このパンデミックは、こうした傾向をさらに悪化させるリスクがある。都市がポスト工業化に再構築される過程では、都市の公共空間は、脱政治空間化され、ますます消費の空間、祭の場に再編されてきた。都市の公共空間は、カフェテラスが歩道を圧倒的に占有し、いわゆる新しい都市中間層、ツーリスト、それに大学生たちの消費活動をもてなす場に零落してしまった。偶然の出会い、異なるものや多様性との予期せぬ遭遇、あるいは衝突と競い合い——昨今の公共空間は、そうしたもののためのスペースに化し、ますます私有化され、準公共空間に代替され、管理され、浄化され、マーケティングされ、ブランディングされるようになった。そして公共空間は、消費の周囲を旋回するようになった。

以前は、生産、製造、消費、娯楽、そして文化などの都市経済を担うエンジンから遠く離れ、まったくの限界地だったようなところが、ポスト工業化都市では、成長と成功に大きく貢献するようになった（Zukin, 1995）。都市は単なる生産の場ではなく、ますます消費の場になった。創造都市モデル（Florida, 2002）は、都市政府の眼には成長のためのネタと映り、公共空間の変容を促進することに貢献してきた（Clark et al., 2002）。こうした枠組みにおいては、通常、都市の中心に近い特別な都市地域は、〈エンターテイメント地区〉として開発され、地元民、都市ユーザーなどが気晴らしやリラックスするために、あるいは享楽するために行く場所になっている。昼夜のアトラクションや消費活動の場は、都市の中心に訪問者を誘い、投資を引き付ける。これらの傾向がさらに台頭すれば、製造業や生産活動に依拠していたふるい経済構造を、消費や文化、ツーリズム、創造性に基盤を置く活動で代替したい、という欲求を満足させることになる。地元政府は、直接的にそうした動きを積極的に促進しなくても、通常はそうした流れを歓迎する。そしてそうした動きが巻きおこす社会的なバックラッシュ（激しい反発）を、滅多なことでは省みることはない。

しかし、ロックダウンは、こうしたこれまでの都市空間の利用の仕方（公共空間の消費）を一気に拭い去ってしまった。メディアが語るように、[注5] 突然、街路は空っぽになり、静かになった。多くの国でレストランやカフェが閉業し、人々は、テラスや路上カフェ、また街路や公園で時間を過ごす機会を失った。公共空間は、危険で恐怖の場になった。そこでは、ソーシャルディスタンスや孤立につながる規範を守ることが求められ、厳しい規制が施された。たとえばイタリアでは、ロックダウンの期間は、都市間、地域間、国同士の境界が閉鎖された。同居していない人たちとは、レジャー、娯楽を家の内外でできなくなった。学校も閉鎖された。そしてエッセンシャル活動だけが認められた。公共空間は、エッセンシャルサービスを得るために使われる「移動空間（transit space）」に変容してしまった。また、屋外活動は、家の近所に限って認められた（多くの地域政府は200メートルの範囲を設定した)。ルール破りや違反に対しては、制裁があった。ある地域では、ルールが守られているかを監視するために軍隊が派遣された(最高の意味でM・フーコーの説く「生政治《せい》」の事例に)。

警察力だけではなく、自宅に閉じ込められた近隣の住民が、公共空間を監視する、ということがおきた。人々は、他人がウイルスの拡散者になる、避けるべき危険者になる、路上での逸脱行為は納得できない、という思いに駆られている。路上にいる人、あるいは通行人に対して言葉で攻撃する、ということが多く報告された。半面、スケープゴート探しの最中に、その裏返しとして窓辺やバルコニーから拍手し、歌を歌って憂慮と希望をコミュニティでシェアする、ということが行われた。

コロナ禍をめぐる規制は、都市の暮らしにとって公共空間の重要性を改めて認識させることになった。想定外のことだが、「消費の場」化してその本来の使途を奪われてしまっていた公共空間が、違いや不平等のベールを取り払い、再び、これまでとは別の空間になって戻ってくるかもしれない(Semi, 2020)。コロナ禍では、公共空間に対する利用規制は、適切にして安全な私的空間を利用できない人々の暮らしに、大変大きな衝撃を与えている。安定したハウジングのない人々、過密な状態、不健康な環境、シェアハウス、あるいはインフォーマルな宿泊施設にいる人々は、暮らしの過半を人前で過ごすことになった。公共空間をめぐってそうしたことが増え、それが継続すれば（イタリアの幾つかの都市の周縁では、軍隊が呼ばれて介入するほどのルール違反の振る舞いになっていた）[注6]、既存の社会的不平等を暴き出し、不平等を批判することにつながる。

ロックダウンの終わりに向かって、多くの人々が公共空間について考えるようになった。そこでは公共／コミュニティと私的／コマーシャル用途・利益、それぞれの間で公共空間はどのように扱われるべきかが問われた。残念なことだが、当座、しばらくは、「私的／コマーシャル用途・利益」が広がる。さらには「経済再活性化のために」という一般に受け入れられるニーズを満たすために、公共空間の私有化が正当化されるようになる。たとえば多くのイタリア都市では、夏の間、レストランやカフェが公共空間を無料で占有できる。そうすることによって席数を減らさなくても、ソーシャルディスタンスを確保できる。確かにそうした施策は、飲食業に必要な起爆剤にはなるが、公共空間の私有化を促進することになる（Zukin, 2010）。すなわち、民間が稼ぐために公共空間を使う、ということになる。こうした私有化のプロセスは、他の人を押し除けて公共空間を使うことやその使用を合法化することにつながるし、他の（自由な）用途を押し除けて消費活動することを正当化することになる。こうしたことは（他のこと――学校への行き帰りの間にソーシャルディスタンスを確保するために校舎に近い道路を歩道化するなど――が対応し、バランスが図られることがあるかもしれないが）、アフターコロナの時期に公共空間（その使用）

が既存の不平等を増幅することにつながるリスクになる。

コロナ初期、ロックダウンへの都市の対応

過去数ヶ月、ウイルスを押さえ込み、病院や健康関連インフラへの重圧を最小限にするために、多くの規制手段が打ち出されてきた。ロックダウンの間に実施された大方の政策は、国レベルの規制をそれぞれの地域ごとに取り組む内容で、社会的、経済的な衝撃に対応するために、あらゆる政府レベルとステークホルダー（利害関係者）が協働し、努力してこの難局に対峙しよう、というものだった（OECD, 2020b）。以下、本節と次節で、コロナ禍危機をめぐって都市がどのように反応したか、その2段階の取り組みに焦点をあてて考察する。すなわち、ロックダウンの時期、そしてヨーロッパの都市が回復のために計画しているもっと全体的な戦略についてである。

パンデミック初期、コロナ感染が世界中の都市に広がっていた時に、中央政府はウイルス拡散を抑え込むための政策形成を先導し、都市政府は現場で国の施策を補完する重要な役割を果たした。都市政府は、その権限、資源、そして能力を駆使して国レベルの施策を実施する（地域からステイホームなどの施策を支援し、強化する）役割を担った。同時に、ボトムアップの革新的な取り組みを先導してきた。こうした短期的な政策は、主に職場での取り組み、通勤の仕方に関わ

る事柄だった。また、ビジネス支援、経済再生、そして脆弱な人々を対象にした施策だった。

職場での取り組みと通勤パターン

パンデミックの最初の段階、そしてステイホームの時期には、全体的に国がフルタイムのテレワーキングを要請する前に、多くの都市は、早い時期から働き手に対して在宅勤務を推奨していた。この目的達成のために、ブラガ（ポルトガル）では、市経済開発局が、小規模企業がデジタル技能（eコマース、リモートワーク、ビデオ会議など）を取得するのを助けるためにウェブ研修会を開催した。また、多くの都市が職場での安全性向上の取り組みをはじめた。

公共交通では、車内やプラットフォームで利用者の距離が近いことがコロナ感染の拡大をめぐって重要な媒介になるようだったので、パンデミックの初期には、国の指示に沿って多くの都市や地域政府は、公共交通の運行を削減し、地方政府は人々に不必要な移動は避けるように要請していた。ヴェネツィアでは、運河のボートに特別の感染対策が施されたし、ナポリでは、車両やバスの乗客スペースを消毒したり、感染対策をしたりし、職員や利用者を守るための措置が取られた。そうすることによって利用者に、適切な感染対策を実施していることを、視覚的に理解してもらうことを狙っていた。

また、マドリードは、需要を勘案しながらバスの運行ルートを組み直した（大学行き、空港行きの便を削減。市内の夜行バスは継続)。規制緩和後は、国、地域、そして都市政府は、少なくてもワクチンが使われるまでは、会社に対してできるかぎりテレワーキングを継続してもらうこと、そしてオフィスや公共交通に大きな集団ができるのを回避してもらうこと——を要請した。[注7]いろいろな場面で地方政府は、通勤での混雑や職場での人の集まりを避けるために時差勤務の推奨、および要請をしている。[注8]同時に幾つかの都市政府は、非エッセンシャルワーカーがステイホームの後に職場に戻るのに際し、交通をめぐるリスクを最小限にするために、自転車利用と徒歩を促進する交通/モビリティ計画の実施に動いている。パリは、ロックダウンの間、そして後にポップアップの「コロナ自転車路」を含む50キロの緊急自転車ラインを敷設した。同様にベルリンは、1人乗りの車の増加を抑えながら、必要な移動の間にソーシャルディスタンスを創造的に確保できるように、クロイツベルク地区(学生やアーティストが多い)とフリードリヒスハイン地区にポップアップの自転車ラインを導入した。

ビジネス支援と経済回復

コロナ禍のために、多くの都市がエッセンシャルサービス以外の経済活動を停止した。そうした状況下、都市政府は、中小企業に金融支援を用意し、危機からの回復ではより強固になれるように、企業支援で一定の役割を果たした。たとえばビルバオ(スペイン)は、電話とオンラインを使って緊急の経営指導に乗り出し、起業、小規模小売店、そして中小企業を支援した。同じくリスボン（ポルトガル）は、企業が情報を収集するのを助けるサポートチームをつくり、パリは専門職組合、商業連盟、経済連盟との間で毎週の情報交換を活発化させた。

ミラノ市長は、支援を求め、都市活動の回復につながる企業活動を支えるために、相互支援基金の設立を宣言した。この基金は、議会で認められた資金を配分することに加え、個々の市民、企業、連盟の開業を支援する。また、ミラノは、Partita AttIVAと呼ばれるプログラムを実施した。付加価値税を払う事業者がビジネス展開のために専門性の高い訓練、原料調達、投資を促すための経済支援である。マドリードは、経済対策として6千300万ユーロの減税を実施し、年内雇用を維持することを条件にレジャー、ホスピタリティ、商業、旅行代理店、百貨店などに対して免税措置を講じた。同じようにブラガは、公共空間の占有に対する市税を免除した。リスボンは、市有地での、閉鎖に追い込まれたビジネス、およびスポーツ、文化社会活動、およびリクレーション施設に対して、店賃の支払いを全面的に猶予した。

脆弱な人々に対する支援

コロナ禍が脆弱なコミュニティを激しく痛打していることを考え、多くのヨーロッパの都市政府は早い段階から、対象を絞った社会政策を用意し、もっとも条件の悪い人々を支援するプログラムに着手していた。すでに述べたように、パンデミックは、ホームレス、移民、難民を取り巻く環境を一段と悪化させ、シェルターやサービス、暮らしの基本材などの提供を含む特別な支援策を喫緊な課題にした。

ビルバオでは、スポーツ施設がホームレス、身寄りのない子供のために提供された。パリは、脆弱で孤立した人々をマッピングし（何処にいるかを特定し）、国やNGOと協働し、ホームレスのために14ヵ所の運動ジムを開放した。「連帯の構造（Fabrique de la Solidarite）」をとおして、食事セットを準備し、提供するために千人を超えるボランティア採用の呼びかけが行われた。また、ロックダウンの間、支援を必要としているパリっ子を自分たちの施設や近隣住空間で受け入れ、彼らを支援しようとしている人々をつなげるために、ローカルネットワークが構築された。ブラチスラバ（スロベニア）では、専門的、医学的、社会的なスタッフの支援を備えた隔離タウンの建設がはじまった。そこではコロナ危機の間、4千人のホームレスの世話をする。英国の多くの都市政府は、脆弱な人々をホテルに収容し、野宿者の90％以上の世話に乗り出した。

また、多くの都市は、医療支援、必需品の買い物サポートなどをとおして高齢者支援に取り組む。ウィーンは、入院の必要がない中程度の、しかし、自分では在宅療養できない感染者ために大規模なケアルームを、展示場に開設した。また、ビルバオは、孤独に苛まれたり、基本的な暮らしのニーズを満たせなかったり、家族や社会の支援がなかったりする人々に対しては、市社会サービス局への連絡を求めている。同市は、65歳以上の高齢者を対象に2万7千本の電話をかけて健康状態や気分、あるいは市からの支援の必要性を問い合わせた。フランスの多くの小規模都市政府は、65歳以上の市民に対して週1度の電話がけをし、何か暮らしに困っていることはないかを尋ねるように心がけている。ブラチスラバの場合は、高齢市民専用電話が用意され、もっとも脆弱な人々を対象に食べ物や投薬を準備し、また連絡の維持に努めている。

追加的な支援として多くの都市政府は、低賃金労働者やパンデミックで失業した人々向けの施策を用意した。シントラ（ポルトガル）の都市政府は、7月まで社会住宅暮らしの住民、およそ7万人に対しては家賃支払いを免除したし、リスボンでも7万人以上の人々を対象に同じ措置が打ち出された。リスボンはさらに2千500万ユーロで、緊急事態に必要とされる物資、サービス、装備の購入と同時に家族や社会的機関向けの緊急基金を強化した。リュブリャーナ（スロベニア）は、リスクの高い家庭の子供や高齢者に、市バスを使って食べ物を配達することをはじめた。また、ゲント（ベルギー）は、社会的、金融的な調査の後に、所得階層に関係なく市民ならだれでも金融支援を得られるよう制度を広げた。また、7都市が、女性に対する家庭内暴力を対象に特別なキャンペーンをはじめた。[注9]

マドリードが着手したキャンペーンは、「家にいないように！」「あなたは1人じゃないのよ！」と呼ばれ、ステイホームの間の被害者救済を目指している。パリでは、国と一緒になって家庭内暴力の被害者を救済するために、女性がステイホームを破って警察に事情を訴え出ることを認めている。17人の緊急職員が被害に対応している。スペインの多くの都市では、こっそりと家庭内暴力を警察に報告したい女性は、薬局を訪ねてそうすることができるし、そこでは符号を使える。また報告を得た薬剤師は、当局に危険を通告することになる。家庭内暴力の被害者のためにホテルやシェルターを準備している都市もあるし、デュッセルドルフ（ドイツ）は、そうしたニーズのある女性や子供に投宿施設を準備し、保護サービスを提供している。

都市の中長期的な回復戦略

ウイルスの拡散を抑え、市民の健康を守る緊急公衆衛生対策を超えて、都市はパンデミック、およびその後遺症の時期の、都市政策のあり方、あるいは成長戦略を再考しはじめている。すなわち、政治的にはコストがかかるが、数ヶ月前に比べて社会的にはもっと受け入れられる政策判断に向かう動きである。コロナ禍からの回復では、都市は、制度をめぐる経済的、社会的、また環境面での脆弱性を改善しながら、「ニューノーマル」をつくり出す可能性がある。パンデミックは世界各地に拡散し続けるし、多くの国は、第2波では厳しい規制を再導入するが、多くの都市はすでに、経済的な衝撃から立ち直るための、あるいはもっとレジリエントな将来を作るための、長期戦略の策定に着手している。もっとも脆弱な人々を支援し、もっと包摂的なアフターコロナ社会を創るために投資をはじめた都市もある。環境に配慮し、優れた経済を構築するための機会にするために、包括的な経済刺激策を考えている都市もある。

包摂的な回復

アフターコロナの回復では、格差を解消し、構造的な不平等に取り組むために、都市は多彩な施策の取り組みをする。地元ビジネスの支援、アフォーダブル住宅の建設と改築、脆弱な家庭に対する支援などである。経済刺激などの広範囲の課題に取り組む回復プランやビジョンを作った都市も多くある。プログラムにはインフラ投資、減税、金融支援などが含まれている。バルセロナの場合は、プラン「バルセロナは決して立ち止まらない」という経済回復政策を打ち出した。成長刺激策だけではなく、社会、経済の再生を狙っている。同プランは、バルセロナをもっとレジリエントにするために新しいビジネスモデルを示している。地元消費を促し、雇用を守ってさらに増やす、そしてバルセロナに対する国際的な評価を取り戻すことを宣言している。

ニース（フランス）の経済支援プログラムは、経済回復を支援するための雇用協定制度である。同市長は、脆弱な企業や公共機関を対象にした追加予算を発表した。具体的には、地域にある戦略的な中小企業、そしてもっとも影響が深刻だったツーリズム、それに商業が対象である。同様に「ミラノ2020年——対応戦略」は、サービス業から製造業、物流業でのデジタル化の推進を宣言し、地域の生産、資源管理を促し、建設分野の回復を支援し、ソーシャルイノベーションとスタートアップを促進する。

アフォーダブル住宅については、公共投資と政策介入によって開発を先導し、適切なアフォーダブル住宅の供給を確保し、条件に恵まれない近隣住区の改善に取り組む都市政府がある。ウィーンは市営住宅7ヵ所（アパート千戸）を、来年中に建設する計画を明らかにした。市域全体で、魅力的な住環境に高質なアフォーダブル住宅を供給することを目指している。リバプール（英国）は、10億ポンド回復計画を立てた。計画では、200戸以上のユニット住宅やコミュニティセンターを建設し、深刻な疲弊地区にある4千戸の住宅の改修に取り組む。さらにとくに脆弱なコミュニティをターゲットにして長期の戦略、投資計画を持っている都市政府もある。ナポリでは、緑地、温室、共同菜園をつくり、不法占拠緑地の野菜園への転換などに取り組み、フードバンクを通じておよそ千世帯の脆弱な市民に新鮮な野菜を届ける。ロッテルダム（オランダ）は、生徒とホームレスのサポートに力を注ぐ。恵まれない家庭の生徒には、特別クラスと特別コースを準備し、落ちこぼれを防ぐ。ホームレスサービスでは、2千万ユーロの包括策を用意し、独立したハウジングとより良い暮らしの環境を提供する。また、ウィーンは、現在仕事についていない若者1万6千人に対し、1千700万ユーロを予算化し、企業での職業訓練、また能力認証パス制度を実施する。

環境に配慮した回復（green recovery）

コロナ禍からの回復期は、長期的な成長に向かって地域の条件を整え、将来の環境リスクと「都市の質」向上に備えてコミュニティの体制づくりをし、都市経済をもっとグリーン（環境に優しく）にするチャンスになる。ヨーロッパ都市の間では、コロナ禍からの回復施策が増加しているが、そこでは経済回復と同時に環境のサステイナビリティへの投資が組み込まれ、とくにサステイナブルな都市交通とエネルギーの効率性が強調されている。

ロックダウの間、車交通が激減した。結果、大気汚染が改善し、炭酸ガスの排出が減った。しかし、ロックダウンが緩和されたところでは、激しい反転がおきている。都市のリーダーたちは、コロナ禍では車交通と排出ガスの減少を経験し、その経験を踏まえて都市内のモビリティをもっとサステイナブルなものにしよう、という動機づけを得た。もっとも一般的な対策の提案は、モビリティインフラへの活発な投資、公共交通機関の安全性と利便性の向上（非接触型の運賃支払いシステムなど）、そして電気自動車やスクーターなど低排出ガス移動体への投資などである。ミラノ市長は、35キロの距離で自転車道、遊歩道を付設する、と発表した。パリは、普段は車線に使われていたところを50キロの距離で自転車道に転換する。それに加えてとくに学校周辺の道路を中心に、30本の道路を歩行者専用にする。

活発なモビリティを追求するために、多くの都市はまた、ソーシャルディスタンスがしばらく求められるだろうから、長期的な視野から公共空間の再編と既存の公共交通の最適化を考え直している。その狙いに沿って、都市政府は、長期的戦略とビジョンでは、都市計画における優先順位の大きな見直しに取り組みはじめた。たとえば、共用車（シェア車）と電気自動車向けに駐車場を確保することや、優れたグリーンモビリティ施策のパイロットプロジェクトに着手することなどが含まれている。マドリードは、サステイナブルなモビリティを促進するために、共用車専用の駐車場を開設した。また、現在のネットワークの30％に相当する45キロのバスレーンを新たに設置し、公共交通を利用する人々を支援する。一方、ロッテルダムは、公営交通局、それに車の代替的な移動手段（自転車、電動自転車、スクーター）を提供している民間4社と連携し、モビリティ計画を策定した。ダブリンが策定した計画には、強力な公共交通ネットワークを維持しながら、歩行者と自転車利用者にさらにスペースを提供したり、バスの運行ルートを変更したりすることが含まれている。

エネルギーの効率化をめぐっては、都市は、この機会を都市の高度化に投資するために活用し、アフターコロナでは、市内の建物が最高のエネルギー効率を達成し、燃費の支払いを抑制できるように尽力しはじめている。過去のグリーン推進策に学べば、エネルギー効率や装置の改善に投資することは、排ガスを削減しながら建設業分野での雇用の創出、経済活動に大きく貢献することが分かっている。すなわちビルの近代化は、地域の中小企業が主役のバリューチェーンにお金を注入することになり、多くの雇用を生む。たとえば、リール（フランス）では、向こう3年間に社会住宅3千戸、個人住宅3千600戸、学生宿舎600戸のエネルギー効率化の更新投資を含めて6千600万ユーロの回復計画が示された。コペンハーゲン（デンマーク）は、市の行政部門で50〜100人の新規雇用につながる、市の建設プロジェクトを加速する。スウォンジー市（英国）は、コロナ禍をきっかけに温暖化対策として海洋エネルギー計画に6千万ポンドを投資し、ペンブルックシャー（ウェールズ南西部地域）経済の活性化を目指す。[注10]

賢明な回復

デジタル化は、コロナ禍に対応した都市の緊急政策で重要な役割を果たしている。ソーシャルディスタンスの要求が継続している時に、新しい暮らしのリズムや習慣を機能させ、それを永続的なものにするために、都市は、注意を怠らずに感染リスクをモニタリングし、またスマートシティが備える用益を活用し、対策を拡張している。アントワープ（ベルギー）、ケルン（ドイツ）、マドリードは、スタートアップに対し、コロナ禍からの挑戦に打ち勝つための、新しい革新的な手法を開発することを要請している。[注11] さらに幾つかの都市は、短期的に、あるいは長期的にもつと円滑な遠距離学習を実施できるプラットフォーム、およびその支援手段を考えている。

「ミラノ2020年戦略」も、デジタルサービスの強化を目指し、市民向けのデジタルサービスの準備を急ぎ、それを拡充する計画を立てている。また、計画を支援するためにＩＣＴ（情報通信技術）ネットワークの強化に努めている。デジタルプログラムは、公共政策、公共部門を支援し、補佐するために使われる。文化施設／活動へのアクセス機会を増やすために、ミラノの戦略では、オンラインライブラリー・カタログを拡充する一方、伝統的なライブイベントと並行してオンライン文化イニシアチブを促進することになっている。また、ミラノの戦略では、ミラノ市が物流のロジスティクを再考し、地域の消費を活性化するためにデジタルプラットフォームを開発することになっている。さらにフィレンツェも、建築やランドスケープ業務のデジタル化を含め、行政サービスの全面的なデジタル化に取り掛かっている。

同様に多くの都市は、この危機を、ツーリズム開発をめぐってもっとサステイナブルなビジネスモデルを再考するチャンスと考え直している。フィレンツェは、住民が都市の中心から疎外されてしまったと感じさせるような大規模なツーリズムを除き、ツーリズム活動の30％を２０２０年末までに回復したいと考えている。「フィレンツェ再生」計画では、住民、および地元ビジネス向けの都市の中心づくりに投資することを目指す。そのため新たなレストランやホテルに営業許可を出さない。バルセロナやブダペストも、もっと文化的な、家族に親しみやすいツーリズムに方向転換する方針である。回復戦略が文化産業支援に向かっていることは、多くの都市に共通している。

マドリードも同様である。「マドリード喝采計画」では、現代アート、パフォーマンス活動、文化交流のための新たな公共空間づくりをめぐって、年2回、プログラム補助をえられるようになった。そして同市は、2020年の不動産税と経済活動税の減額を延長した。ロンドンは、草の根音楽活動、アーティストの創作活動、独立系シネマ活動などの、危機に直面する文化、創造産業を支援する基金を用意した。ヴィリニュス（リトアニア）は、「ヴィリニュス計画4×3」と呼ばれる回復プログラムをはじめた。個人、ビジネス、文化のそれぞれに焦点を合わせた支援策が用意されている。文化、創造産業に対する金融支援を含む100万ユーロのプログラムで、キャンセルされた催事に対して一部償還したり、適宜、ステージアーティストを支援したり、文化教育イベントに教育機関が参加したりするのを支援する。そして地元の創造的活動者、パフォーマーを巻き込み、フェスティバルを強化する。

包摂的な都市への転換は奇跡では起きない

本章では、パンデミックの衝撃を受けたヨーロッパ都市に注目した。とくに経済開発と社会的包摂がどのように取り組まれたかに焦点を置いた。いつ、どのようにパンデミックがはじまり、人々が普段の暮らし（ノーマル）をできなくなったかを述べてきた。それがいかにサステイナブルでないか、正義でないか、問題を抱えているか、を示してきた。とりあえずコロナ禍は、過去の誤りから学び、経済、都市空間、ガバナンス、社会関係、環境との関わりなどを見直し、改善する機会になった。ロックダウンの間に、そうした過去からの転換を求める声が上がった。そして多くの人々は、問題を抱えていた「（コロナ禍前の）ノーマル」に戻ることは選択肢ではない、ということを強調している。

しかし、この変化（転換）は、奇跡ではおきない。[注12] コロナ禍前の秩序（やり方）を止めることをめぐっては論争と試行錯誤を育むが、そこに予期せぬ間合いが生まれ、大胆な提案や疑問がなされることが許容されるようになった。基本的なニーズとして安定し、安全で適当な広さのあるハウジングの重要性にスポットライトが当たった（Vilienica et al., 2020）。空っぽになった建物やアパートの不動産税をめぐる議論、あるいは空間消費とツーリズム化に偏ったモノカルチャー型の都市経済から脱却しようという要求、それに空っぽになった建物の一時的な使用に対する考察――などが行われるようになった。

研究者も政府関係者も、パンデミックが長期的に公共空間にどのような課題を与えるか、それを考えはじめた（cfr. Honey-Roses et al., 2020）。パンデミックそれ自体の成り行きは不透明だが、それでも上記の課題をめぐる議論の輪郭は浮かび上がってきている。すなわち、公共空間への衝撃は、空間デザイン、空間認識、空間使用と人々の行動に、あるいは不平等と排除に、転換をもたらすのか。公共空間をめぐる2020年前後の状態、それは将来、どうなるのか。

これらの問いに答えるために、本章では、ヨーロッパ都市とその政策をめぐる、短期的な影響、中長期の回復戦略に関する識見を集めた。その中には、都市のレジリエンス、衝撃からの回復力を考察した調査もあった。いずれにしても都市がどのように対応したかは、それぞれの都市について、あるいはそれぞれの国のパンデミックの段階（初期か、後期か）に応じて考えなければならない。初期のステージでは、大方の反応は短期的なものだったが、都市の中にはもっと中期的な対応に問題意識を転換していた進歩的なところもあった。そうした都市では、とくに社会生活について考え直す、あるいは公共空間のデザインと使途をこれまでとは転換する――などが話題になっていた。

全体的に多くの都市は、今度のパンデミックとその後遺症が都市をもっとレジリエント、循環型システム、そして素晴らしくする、さらには農産物の生産の仕方、エネルギー消費の方法、交通、およびその他のサービスの提供の仕方などを通じて田舎ともっと改善された関係をつくる――そうしたチャンスになる、と考えている（Bottero, et al., 2019）。だれにでもチャンスのある包摂的な都市をつくるために、都市は、大胆なソーシャルイノベーション戦略をデザインし、そして実施し、さらに空きビルの再目的化をとおし、健康管理やハウジングで恵まれないグループに、効率的な社会・コミュニティサービスを提供する施策を展開している（Valkenburg & Cotella, 2016）。同様に、後に取り残された人々のニーズに焦点を絞った柔軟で適用力のある、妥当な雇用政策、活性化プログラムを用意し、危機の後に地域の労働市場が直面する新たなニーズに対応することが大切である。

また、多くの都市政府は、低炭素社会に向かって政策の舵取りを変えるために、交通渋滞や大気汚染などの外部不経済を管理し、混雑税や特別課税控除制度をとおしてマイカーの利用を制限し、また交通システムを多様化するなどに努めている。いろいろな場面で資源のもっと効率的な利用が促されるようになる。もっとサステイナブルな生産と消費を模索し、循環型経済を促進する。物資や生産物の価値を最高レベルで発揮させ、無駄の発生を防ぎ、廃棄物を資源に転換し、再利用する工夫である。

パンデミックは進行し、第2波に対する取り組みは、それぞれの国で続く。ヨーロッパ都市、そしてその都市政府は、これまで経験したことのない責務に立ち向かう。同時にそこには、開発のパラダイムを根底から考え直すチャンスが広がっている。いずれにしてもここで提供した情報は、多くの都市がそのチャンスをつかもうとしている事実を語る証拠の提示である。

10章　感染症と都市計画・都市政策との関係

――レジリエントな都市の「かたち」はあるか

新型コロナウイルスによる感染拡大は、世界中の人々を巻き込み、それへの対応を余儀なくさせている。しかし、その対策は国によってさまざまであり、同じ国でもアメリカのような連邦政府国家においては州ごとで対策が異なり、その結果、人口当たりの感染者数などでも大きな違いが生じている。現時点でどのような政策が有効であったのかを議論するには時期尚早かもしれない。ただし、この著書のテーマでもある都市計画的な対応という点では、この感染症はきわめて馴染み深いものだ。というか、そもそもそれは都市計画というディシプリンがつくられた最大の契機でもある。

本章においては都市計画がいかに、これまでの感染症をはじめとした都市衛生問題に対応してきたか、その歴史的歩みを俯瞰し、現在のコロナウイルスの都市計画的な対策を考えるうえでのヒントを探ると同時に、今後、頻繁に生じることが予期されるパンデミックに都市計画はどのように対応すべきかの検討に資する知見を供することを目的とする。

エボラ出血熱のアウトブレイクと都市拡大との関係

感染症[注1]が人類の深刻な問題となったのは、都市が拡大したためである。この都市の拡大は、大きく二つの側面から感染症を広めることに寄与した。一つは、産業革命以来、多くの人々が都市に移住するようになり、高密度の環境で生活をするようになったことである。もう一つは都市が面的に拡大していき、それまで未開であった森林を切り開き、それによって本来の生息地を追われた動物たちが人里に押し出され、病原体を拡散させたからである。

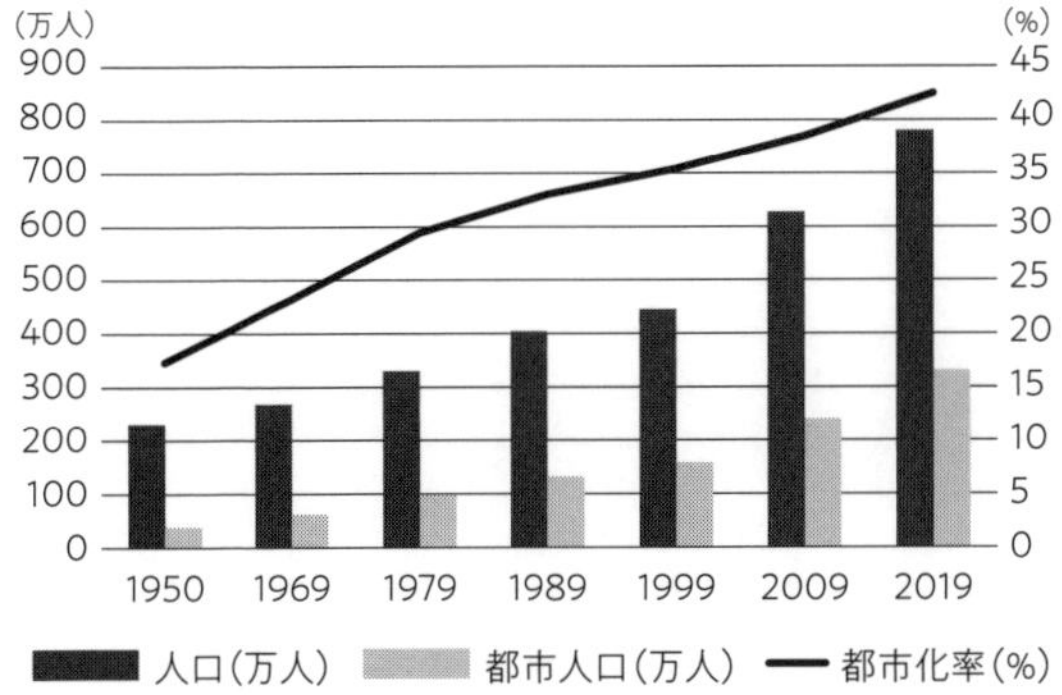

図 11　シエラレオネの都市人口の推移　出典：世界銀行データ

エボラ出血熱が２０１４年に大流行をして世界に衝撃を与えた。この時、２万８千６１６名（データは疑わしい患者も含む）が死亡し、その致死率は50％に達した。[注2] このアウトブレイクはエボラ出血熱に関してはこれまでで最大規模のものであったが、１９７６年に初めての感染者（ゼロ号患者）を出してから、２０１９年３月までですでに30回以上のエボラ出血熱のアウトブレイクが報告されている。

これらの背景にあるのは、この50年ぐらいにおけるアフリカにおける急速な都市拡大である。２０１４年の大流行の舞台ともなった西アフリカのシエラレオネでは１９７９年の都市人口はわずか97万人であったのが、50年後には３３２万人にまで増えている。わずか50年で３倍以上に拡大しているのだ。

そして、これら都市化の進展は周辺の森林皆伐を伴う。かつて国土の大部分が熱帯林であったシエラレオネの森林は現在ではわずか国土の４％にしかすぎなくなっている。[注3]『感染症の世界史』で著者の石弘之は、エボラ出血熱のこれまでの流行は「大規模な自然破壊の直後に発生することが多い」と指摘しているが、都市での居住者の増加と都市の面的拡大という都市拡張の二つの側面がエボラ出血熱のアウトブレイクの背景にあるのは間違いないであろう。

産業革命以前と感染症

エボラ出血熱のアウトブレイクこそなかったが、西アフリカより先に都市拡張が進んだところでは、やはりその付随物のような感染症に悩まされる経緯を辿ってきた。ただし、19世紀になるまでは、感染症の流行はほぼ狭い範囲に限られており、限定された場所内で被害が深刻化することはあったが、それより拡大することは14世紀のペスト大流行などの例外を除けば稀であった。

天然痘ウイルスは１９７９年に根絶することに成功した唯一のヒトの感染症であったが、人類との歴史はきわめて長いものがあった。紀元前１１５７年に死んだエジプトの王ラムセス５世は天然痘のために死亡した可能性があると指摘されていることからも、その付き合いの長さが伺い知れる。[注4]天然痘ウイルスが自然宿主となるのは人間だけで、動物が媒介することはないという特徴を有している。そのため、天然痘ウイルスが蔓延するためには、一定数の人間が集団で生活する場があることが条件となる。結果、天然痘はエジプト、インド、中国などの古代文明発祥地において流行する。

産業革命以前は、都市で生活する人々はきわめて限定されており、また都市間での交流も稀ではあったが、それでも侵略、探検、交易といった数少ない活動を通じてウイルスは世界へと広がっていった。天然痘も紀元前にローマ帝国から北アフリカ、西アジアへと広がり、500万人が犠牲になったと推定されているし、8世紀には中国や朝鮮半島との交易をとおして日本にも上陸したことが確かめられている。[注5]アステカ王国やインカ王国を間接的に滅ぼすことになった天然痘や麻疹（はしか）をかの地にもたらしたのはスペイン人のコンキスタドールの部隊であると言われている。スペインが中南米に到着してからの数十年間で、現地における天然痘の死者は350万人に及んだと推察されている。[注6]

これまで数々のパンデミックを経験した人類であるが、そのダメージの大きさでは14世紀のペストの大流行に比肩するものはないだろう。村上陽一郎の『ペスト大流行』からの引用になるが、中国大陸で1千300万人、中近東地区では2千400万人、そしてヨーロッパでは2千900万人ぐらいの死亡者が出たと推測されている。

このペストの大流行は、まず都市において感染を広げるが、その後、都市だけでなく農村部にまでも被害者を増やしていく。当時、ヨーロッパにはどの程度、都市に人が住んでいたかということだが、およそ全人口の6割ぐらいであったと推測されている。[注7] 10世紀にはこの比率は1割に満たなかったと推測されているので、11世紀からペストが流行する14世紀の間に都市化が大きく進んだことがうかがえる。この時期、ヨーロッパでは人口が増加していたのだが、その多くが農村部ではなく都市部で生活をすることになった。つまり、このヨーロッパでのペスト大流行の背景にも、産業革命以後とは違う形ではあったが都市の発展があったことが指摘できる。話は横道に逸れるが、日本は江戸時代においても都市人口は1割台をうろうろしており、2割を越えることはなかった。

産業革命と感染症

このように人類は、その昔から感染症には悩まされてきたのだが、その被害のスケールがより短期間に、さらに頻繁に起こるようになったのは産業革命以降である。

産業革命を改めて整理すると、それは動力機械の発明と応用が、工業生産過程における手工業から機械制大工業への移行をもたらし、その結果、社会・経済の多くの側面に生じた変革の総過程のことである。イギリスで最も早く18世紀後半から展開し始め、その後、欧米諸国へ波及する。

イギリスでの産業革命は紡績から織布、軽工業から重工業、馬車から鉄道、帆船から蒸気船というように展開していく。[注8]

産業革命は二つの側面において都市に大きな影響を与えることになる。一つ目は工業生産過程の変革によって、中小の工場が都市に進出したことである。ちょうど、農村における囲い込み運動が起きていたこともあり、これらの工場の雇用を求めて農村出身の未熟練労働者が都市に多く流入した。二つ目は産業革命によって交通革命が起きたことで、とくに鉄道の開発は都市の空間的拡張を可能とした。

産業革命の先陣を切った19世紀半ばのイギリスは、世界でも最も都市化した国となる。その首都でもあったロンドンの人口は１８０１年には96万人ほどであったが、１８４１年には１９５万人、そして１８９１年には６５３万人となる。[注9] 19世紀半ばにおけるロンドンの人口は世界最大であり、ニューヨークの5倍、パリの2・5倍と他を寄せ付けなかった。さらに、その他のリバープール（１８５１年の人口は37万人）、マンチェスター（同37万人）、バーミンガム（23万人）といった地方都市でさえ、ほとんどのヨーロッパの他国の首都よりも人口は多かった。[注10] イングランドとウェールズの人々で5千人以上の街に住んでいた割合は１８０１年には20％であったが、１８５１年には54％になり、１８９１年には72％にまで上昇した。

そして、どこよりも都市化が進んでいたからこそ、感染症の甚大なる被害も先陣を切って被ることになる。当時の大都市は工業都市であったために、大気は工場の煙突から出る黒煙が覆い、また工場からの廃水や家庭が出す汚水は川にそのまま流され、きわめて非衛生的な状況にあった。

加えて、住宅は日照や通風さえ確保できないような密集市街地に建てられ、小さな1室に15～20人が詰め込まれていた事例さえ報告されている。このような状態では、人によってはベッドではなく、床にマットレスを敷いて寝るような生活が強いられたのである。それは、まさに密閉空間に密集して密接に生活をするような状況であり、政府の専門家会議が当初指摘した「三密の重なり」そのもののような生活空間であった。

そのような状況下において、感染症が広がらないはずがない。たとえばジフテリア。産業革命以前は、せいぜい小さな集落や学校、家族の間で感染するような伝染病であったのだが、「そうした状況が一変したのは、19世紀にイギリスで産業革命が起こり、仕事を求めて都会に来る人が増え、スラム街で大勢の人々が暮らすようになってからだ」（『ビジュアル・パンデミック・マップ』18頁）。そして、19世紀の終わりから20世紀の初めにかけて「散発的な悲劇をもたらす病気の一つから、いったん流行すると大量の死者を出す死の病へと変貌した」（『ビジュアル・パンデミック・マップ』18頁）。

そして、大きくイギリスの公衆衛生政策に影響を与えるコレラの大流行もロンドンを舞台に起きる。コレラ菌は昔からガンジス川のデルタ地帯に生息していたと考えられている。このコロナ菌は、イギリスがインドを植民地として交易ルートを開拓してから、人や商品とともに世界へと広がり始め、イギリスには1831年に出現する。1831年のコレラ流行では3万2千人が亡くなり、1848～49年の2回目の流行では6万2千人が犠牲になる。さらには1853～54年の3回目の流行では2万人が亡くなった。

公衆衛生法から住宅法へ

コレラの1回目の流行時から、スラム街の衛生状況を改善しようという動きが見られ始めた。当時はまだコレラの原因は解明されていなかったが、スラム街にて流行っていたので不衛生であることと因果関係があると多くの人は捉えていたのだ。その運動を率いたのは救貧法問題調査会書記を務めていたエドウィン・チャドウィックという社会改革者であった。彼は1回目のコレラのアウトブレイク後の1834年に貧民救済法を制定させることに成功する。そして、そのための調査をしている時に、貧困者の衛生状況を調べ、1842年に「大英帝国の貧困層の衛生状況」というレポートを出版する。このレポートで、彼は貧困層の健康状態が改善されれば、貧民救済を必要としなくなるので結果的には政府の支出も減ると主張する。実際、貧民救済の補助金は一家の主が感染症で亡くなった場合に支払われるケースが一番多かった。

公衆衛生を改善するうえで、チャドウィックが重要だと主張したのは次の4点である。[注11]

①排水を改善し、下水道を提供する
②ごみを家、道から排除する
③きれいな飲み水を供給する
④医療福祉関連の公務員を町ごとに任命する

これらを具体化させる法律の必要性を訴えた活動、そして1848年のコレラの2回目の大流行、さらにはエンゲルスが1845年に『イギリスにおける労働者階級の状態』を著し、社会に衝撃を与えたことなどを契機として1848年に公衆衛生法が制定される。

これは当初は公衆衛生を管轄することが目的であったが、その後、住宅・都市計画をも含めることになる。それまでロンドンの建築基準に関しては1774年に法律が制定され、1844年に大都市圏建築法としてその適用範囲も拡張されていた。しかし、全国レベルの法律基準は1848年の公衆衛生法の制定まで待たなくてはならなかった。公衆衛生法で建物に対して基準を設けたのは、劣悪な建物の状況が人々に不衛生な生活を強いていると考えられたからである。具体的には過密居住、排水の不完全、汚水溜、便所の状況などに関しての確認が含まれた。[注12]この規制が設けられたことによって1848年の公衆衛生法は都市計画の始まりとして主張される。

それがエドウィン・チャドウィックを近代都市計画の生みの親と捉える理由である。

また、公衆衛生法には強制力がなかったために、強制力を有する「衛生法」(Sanitary Act)が1866年に制定される。この法律によって、過密住宅は違法となり、自治体は下水道を整備し、ごみを回収する責任を有することになった。そして、この法律によって各自治体は衛生検査士を任命しなくてはならなくなった。[注13]

加えて、1851年に労働者階級下宿法(Labouring Classes Lodging Houses Acts)が制定される。この法律は世界で初めてつくられた住居法であった。その後、1875年に職人および労働者住宅法(Artisans' and Labourer' Dwelling Act)、さらには1890年に労働者住宅法(Housing of the Working Classes Acts)に、継承される。これら一連の労働者住宅法では、不適格なスラム建築を取り壊すことや、基準に満たない建物を貸すことを違法とすることなどのルールが制定されていく。その結果、地主は劣悪だった建物の住環境を積極的に改善することになった。また、個々の住宅だけではなく、地区全体を改良するという考えのもと、スラム・クリアランスや公営住宅の建設が1890年の労働者住宅法では可能となった。[注14]

このように公衆衛生法に端を発した住宅環境の改善という流れは、住宅法へと発展し、さらにこの住宅法が後述する田園都市の動きと合流することで1909年に「住居および都市計画法等」(Housing and Town Planning Act)が制定される。

また、これら公衆衛生法を緒として都市計画的な政策が浸透していく背景に、近代的な自治体政府が同時期に形成されたことが挙げられる。１８３５年に制定された「都市自治体法」は、それまでの特権的な参事会を廃止し、それに変わって市議会を市政の中心機関と定め、一部に権力が集中する旧体制の打破を意図した。[注15] このように自治体政府が、効率的に業務を遂行できるようになったことが、公共事業として都市計画を位置づけることを可能にしたのである。

感染地図　疫学の誕生

このような制度面で感染症への対策が進む一方で、科学的にも感染症の感染経路などの実態が解明されつつあった。１８５４年にロンドンのソーホー地区で、イギリスの医師ジョン・スノーによって、コレラの感染者を地図上にプロットした「感染地図」がつくられる。[注16] スノーはソーホー地区でのコレラの感染源は汚染された飲料水であると考えたが、当時の医学界は彼の説を受け入れなかった。そこで、スノーは自説を証明するために、地域の家を１軒ごと訪ね、その犠牲者の数を聞き出し、それを地図に落としていったのである。これが、世界最初の「感染地図」となるが、その結果、死者の大多数がブロードストリートの井戸周辺に集中していることを示した。この「感染地図」がつくられたことで、専門家たちは予防法を考え、感染の拡大を防止する対策をはじめて具体化させることが可能となった。これによって伝染病と地理的な情報との相関性を共有し、政策化させることができるようになり、公衆衛生対策、そして衛生施設の建設にきわめて大きな影響を与えることになる。

また、ウィリアムス・バッドが１８７３年に、それまでの調査結果から腸チフスも水を介して広まることを示したことで、人々は清潔な水を手に入れることと、下水設備の重要性を理解した。このような医師の尽力によって感染症の実態が明らかとなり、さらに公衆衛生法の制定がそれら医学的発見を反映した政策を遂行することを可能にしたため、腸チフスとコレラによる死者は大幅に減ることになったのである。[注17]

オスマンとオルムステッド

公衆衛生法がイギリスで制定されたほぼ同時期、フランスのパリでも下水道ネットワークが整備される。パリで最初につくられた下水道は１３７０年であり、その後もちょこちょこと付け足されるが、体系だったものではなかった。１５３１年には、家主に各戸のトイレの設置を義務づける法律ができたが、必ずしも徹底されず、ほとんどの人々は汚物を処理する際、しびんにためた尿を窓から放り捨てていたのだ。

パリでコレラが流行したのは1848年で、1万9千人が亡くなった。その年に大統領になったナポレオン3世は、「新しい道を開き、空気と光が不足している労働者の住宅地区をより健康的に改善し、市内（壁の中）のどこでもが光が届くようにしよう」と宣言し、パリの大改造に取り組む。[注18] そして、ジョルジュ・ウジェーヌ・オスマンにその任を託し、1852年から1870年にかけてパリ大改造は遂行された。

ナポレオン3世の後ろ盾のもと、オスマンは中世都市であったパリの大改造を行うのだが、それはシャンゼリゼに代表される街路樹のある道路の拡張、公園の整備に加え、非衛生的なスラム住宅を1万2千戸取り壊し、それを建て替え、上下水道を整備することも意図していた。そして、4本の下水道幹線をパリの地下に設置し、下水を郊外にまで運び、その後、セーヌ川に流すシステムを整備した。[注19] オスマンのパリ大改造は、どうしてもシャンゼリゼ通りやエトワール広場の整備に目が向きがちだが、パリを近代都市へと根源的に変革させたのは、下水道整備であった。

アメリカでもニューヨークをはじめとした大都市においてはロンドンと似たような衛生上の問題が生じていた。工業都市であったニューヨークは、労働者は「レイルロード・フラット」と呼ばれる8メートル×25メートルの5階から7階建てぐらいの集合住宅に住んでいた。1階当たり4戸だったので、1戸当たりの面積は40平方メートル前後であった。この集合住宅は、当然エレベーターは設置されていないし、トイレと水道も供給されていなかった。その結果、衛生状態は

酷く、腸チフスやコレラなどの水系感染症が流行した。[注20]

ニューヨークでは19世紀に3回、コレラの流行が起こる。最初は１８３２年で25万人の市民のうち3千５００人が亡くなった。2回目は１８４９年で5千人が亡くなる。[注21] 3回目は１８６６年で死者数は1千１３７人と前の2回に比べると減るが、これはスノー医師の発見が寄与している。[注22] 3回目のコレラが流行する2年前にニューヨーク市は衛生環境の調査を実施しており、１８６５年にその報告書をしたためた。この結果、１８６６年に都市健康委員会が設立され、ニューヨーク市の衛生状況を改善するための条例の制定に踏み出していた。それまでの神頼み的なアプローチではなく、医学的なアプローチで対応することで、3回目の流行時においてはニューヨーク市の人口は相当、増えていたにもかかわらず、その被害を低く抑えることができた。[注23]

スノー医師の発見があるまで、コレラは中世時代からずっと瘴気が原因であると考えられていた。有機物の腐敗によって生じると思われていたのだ。[注24] そして、その対策として換気をよくし、下水を改善し、この腐った臭いをなくすことが重要であると考えた。ニューヨーク市に上水を運ぶための60キロメートルに及ぶクロトン導水橋がつくられたのは１８４２年であった。また、悪臭を放つ汚水を素早く流すために直線の長い道路をつくることが計画され、それが近代都市において格子状の区画割りを促したとノースイースタン大学の准教授であるサラ・ジェンセン・カーは指摘している。[注25] 確かにマンハッタンにいくと、ヒューストン通り以北の格子割りは最短でイースト川、もしくはハドソン川に水が流れるような構造になっている。

もう一人、この瘴気対策を真剣に考えていたのが、アメリカのランドスケープの父とも言われるフレデリック・ロー・オルムステッドである。彼は公園には癒しの力があり、また都市の肺として機能することで、瘴気を生じさせる空気を新鮮な空気へと変えることができると考えた。[注26]

ニューヨークのセントラルパークは、2回目のコレラ流行のあとの1858年にオルムステッドとカルヴァート・ヴォーによって設計が始まり、1876年に完成する。長男をコレラで失ったオルムステッドはその後もブルックリン、ボストン、バッファロー、シカゴ、デトロイトといった都市に100以上の公園を整備することになる。

また、彼は公園以外にもシカゴ郊外のリバーサイドをはじめとして住宅地を多く計画するが、その際、最も重視したことは伝染病を減らすことであった。19世紀後半には、まだアメリカではマラリアが流行っていた。マラリア蚊がマラリアを伝染させることを当時の人々は知らなかったのだが、排水が悪い場所や湿地帯とマラリアとには関連性があることは知られていた。

そのため、オルムステッドは排水を最優先して住宅地を計画し、伝染病の発生を最小化させることに留意した。さらに、日光が多く降り注ぐようにし、換気をよくし、また適度な量の植栽を施すことで、伝染病を効果的に防止できると考えた。結果、そのような計画は、マラリア蚊が繁殖しやすい環境を少なくし、人々が健康に生活することを可能とした。現在、オルムステッドが

セントラルパークはコレラ大流行の中、整備された

計画した数々の住宅地はその優れたランドスケープ・デザインで広く知られるが、それが衛生面を配慮した結果であるというところが興味深い。

住宅の法律に基づく衛生基準を設けたのもロンドンと同じで、１９０１年に共同住宅法（Tenement House Act）が制定される。これは各家にトイレを設置することを義務づけ、また採光と換気ができる窓を設置することを要求した。[注27] この法律が制定されたことによって、新しくつくられた建物はそれまでと比べるとずいぶんと改善された。

しかし、当時のアメリカでは、すでに整備され始めていた公共交通、そして、その後に現れることになる自動車などによって、都心から抜け出せるだけのお金を持っている人達の多くは、都心を捨てて郊外へと逃げ出すこととなる。アーバン・フライトと言われる現象である。これによって、都心は衰退化していくのだが、そのトレンドに変化がみられ都心回帰をするようになるのは、ようやく21世紀直前ぐらいになってからであった。

田園都市の動き

公衆衛生法によってロンドンにおいては下水道が整備され、状況は改善したが、それでも大都市のスラム化がもたらした不健康な環境は、人が生活する場所としては不適切であると一部の人達は考えていた。その筆頭がエベネザー・ハワードである。ハワードは大都市部においては、その規模が拡大したことで一部の人達の生活困難を招き、市の歳入の少なくない割合が、衛生措置やスラムの清掃などに使われる一方で、農村も有能な企業家精神の持ち主を大都市に取られることで、活力を失ってしまっていると捉えた。農村には「新鮮な空気と太陽光線と気持ちのよい眺めと静かな夜など、大都市に乏しい有用なものがあった」が、そこにおける生活は「つまらない低級な陰鬱なものであった」。そこで、「都市と農村の結婚」というコンセプトを提示し、その具体的な都市像として示されたのが田園都市であった。[注28]

ハワードは単にコンセプトを提示しただけでなく、実際、田園都市を実現するために奔走し、1903年にロンドンの中心地から55キロメートルほど北にある場所にレッチワースという田園

世界最初の田園都市レッチワース
田園都市は、衛生環境が劣悪なロンドンのような大都市に住まなくても都市的な生活が送れることを意図してつくられた。

都市をつくることに成功する。
　私の手元に『レッチワース』という本がある。レッチワース田園都市を設計したレイモンド・アンウィン卿の研究者の著書で、レッチワースの辞典のようなものである。この本は、最初にチャールズ・ディケンズの『ハード・タイムス』（1854）の引用から始まる。19世紀半ばの工業都市がいかに非衛生的で労働環境・生活環境は単調で、非人間的であるかの描写である。それは、エベネザー・ハワードが田園都市というコンセプトをつくる背景となったマクロな社会環境であったと筆者は指摘する。[注29]
　田園都市は「都市」の長所をも残しつつ、非衛生で感染症がいつ大流行するかが分からないような大都市から逃げるというオプションを人々に提示することになった。この動きは、広く世界中に広まり、ドイツやフランスにおいてもハワードに感化された田園都市がつくられた。しかし、多くの場合、自立的な生活圏としての田園都市のコンセプトを継承するという動きではなく、都市の郊外にて衛生的で健康的な住宅開発をすることのみが模倣され、「田園都市」というよりかは「田園郊外」と形容すべきものがつくられることになる。アメリカでも同様で、前述したように「田園都市」の自立性・共有性といった理念が抜け落ちた「田園郊外」(Garden Suburbs)というべき郊外住宅地が大都市周辺につくられ、大都市から人々が脱出をし始める。大都市に残った人は、そこから脱出ができない貧困層であった。ちなみに東京都にある田園調布をつくる際、渋沢秀雄(渋沢栄一の四男)がレッチワースを視察するも、そのモデルとしてサンフランシスコの郊外住宅地であるセント・フランシス・ウッドを選ぶ。[注30]会社名は「田園都市株式会社」であったが、目指したものは「田園郊外」であったのだ。

このようにロンドンやニューヨークをはじめとして、19世紀において多くの都市を襲った感染症は、急激に膨張した大都市自体を法律である程度、コントロールして衛生的な環境を維持しようという動きと、もう一方では、大都市自体を放棄して郊外へと集団脱出してしまおう、という動きをもたらしたのである。

感染症の4タイプとそれぞれへの都市計画・都市政策的対策

田園都市というまったく新しい空間像を提示し、かつ具体化したエベネザー・ハワード、そしてエベネザー・ハワードに感銘を覚え、リージョナリズムの概念を提唱したパトリック・ゲデス等の都市を「計画する」という考え方は、1909年「住居および都市計画法等」の制定に結実する。公衆衛生法から発展した住居法はここに都市計画を内包することになった。[注31]

このように、都市計画というディシプリンがその根源を公衆衛生法によるという事実は、コロナウイルスのようなパンデミックという政策的課題に直面した際、都市計画的なアプローチからも何かしら対策ができるのではないかと期待させる。以下、それに関して、考察を加えたい。

伝染病は感染の経路によって、大きく四つに分類できると考えられる。[注32] エボラ出血熱やポリオ、ヘルペス、エイズなど「人から人」へ感染するグループ、マラリアやペスト、ジカ熱など「動物由来」のグループ、コレラや赤痢、腸チフスなどの「水系感染」のグループ、そしてコロナウイルスやインフルエンザ、ジフテリア、結核などの飛沫感染を主とする「空気感染」のグループである。そして、これらの感染の経路の違いによって、その対処法の有効性も大きく異なってくる。

これらのうち、「水系感染」は都市計画・都市政策的な解決がきわめて有効である。世界保健機構は、安全な飲料水が手に入るような環境整備、下水や汚物処理施設の整備、衛生状態と食の安全性の向上などをコレラに対する戦略として掲げているが、これはまさに都市政策の目標と同じベクトルにある。

「動物由来」に関しては、ある程度、対応することが可能である。「動物由来」の感染症は、マラリア、ペスト、発疹チフス、黄熱、ジカ熱などであり、蚊、のみ、鼠などによって感染は広まる。日本は、蚊がずいぶんと我が物顔で生息している印象を受けるが、これは黄熱、マラリア、ジカ熱などを媒介しないからであろう。いや、日本脳炎などは蚊が媒介するが、幸い、ワクチンのお陰で罹患者が激減しているので、上記に比べると脅威とはなっていない。しかし、蚊は人を最も殺す野生動物である。[注33] アメリカやオーストラリアでは、蚊に対して、よりドラスティックな対応をしている。

アメリカでは、リゾート開発や郊外住宅地を開発するために、開発前に蚊を根絶させるような取り組みをしている事例が幾つかある。たとえば、サウスカロライナ州のヒルトンヘッド・アイランドというリゾート地や、フロリダ州のディズニー・ワールド、そして隣接するディズニーが開発した郊外住宅地セレブレーションなどである。ディズニー・ワールドでは殺虫剤を継続的に噴射し、さらには「蚊監視プログラム」というものを導入し、園内に鶏を放ち、定期的に鶏の血を採取して、蚊が感染させるウエストナイル・ウイルスの有無などをチェックしている。

オーストラリアのニューサウスウエールズ州にあるバイロン・シャイア郡では、蚊による被害リスクが高い地区を特定しており、また、蚊のリスクを低減させるための敷地計画のあり方を提案したり、蚊の密集地と開発地との間にバッファーゾーンを設けることを推奨したりしている。[注34]このバイロン・シャイア郡だけでなく、他のニューサウスウェールズ州の自治体の多くは、蚊がデング・ウイルスを媒介するので、湿地帯の開発においてはデザイン・ガイドラインを設けて、開発によるリスクの高まりを抑えるように努めている。これは、前述したオルムステッドがリバーサイドで試みたことを、より科学的知見のもとに昇華させたアプローチであると考えられる。

もっとラディカルな蚊を根絶させるようなプロジェクトも一部では展開している。西インド諸島にあるイギリスの海外領土であるケイマン諸島では、遺伝子操作をされた雄の蚊を放つことで96%ほど蚊を減らすことに成功した。[注35]

しかし、このような行動は人間にとってプラスではないという見方もある。たとえば、2019年のサイエンス・マガジンでは生き残った蚊が、より殺虫剤等に抵抗力を有してしまっている記事を挙げている。[注36]加えて、蚊がむしろ人間の野放図な自然破壊を防いでくれていると指摘をする科学者もいる。[注37]

「人から人へ」感染するグループに関しては都市計画・都市政策的な対応が有効性を発揮しにくい。このグループにはHIV感染症、梅毒、ヘルペス、エボラ出血熱などが含まれるが、前者二つは人同士の濃厚な接触なしには感染しないと言われており、都市化というより「ライフス

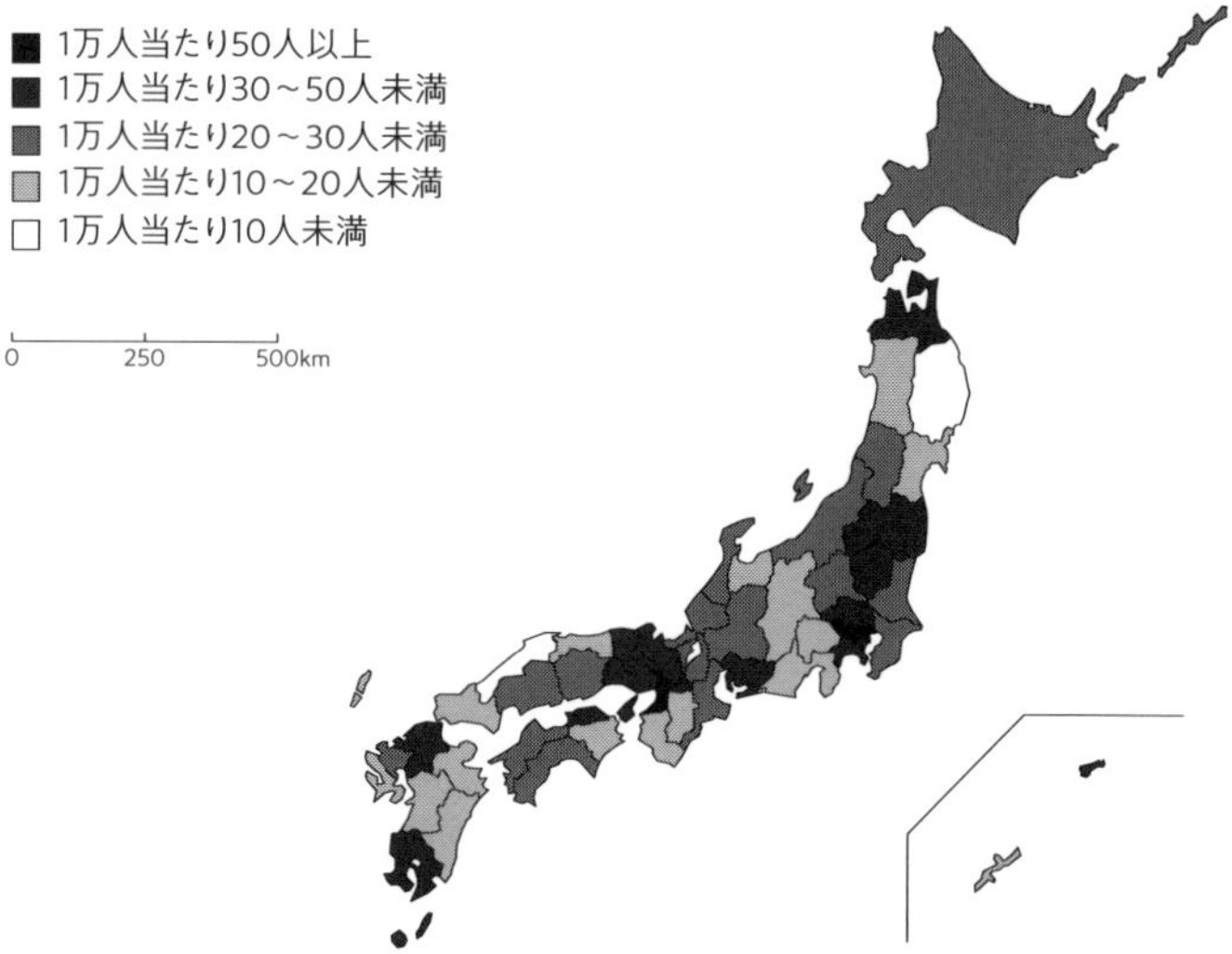

図12　都道府県別の梅毒患者の人口１万人当たりの届出数（2016 ～ 17 年前期）

出典：国立感染症研究所のデータをもとに筆者作成

タイルの都市化」という点からは、ポジティブな相関関係があると考えられる。図12に都道府県別の梅毒患者の人口１万人当たりの届出数（２０１６年～２０１７年前期）を示しているが、人口当たり患者数が多いのは順に東京都（人口１万人当たり１４７人）、大阪府（同85人）、福島県（同45人）、兵庫県（同40人）、愛知県（同40人）であり、逆に少ないのは島根県（同３人）、岩手県（同８人）、秋田県（同10人）、長崎県（同11人）となる。[注38]全般的に大都市を多く抱え、ライフスタイルも都市的であるところに、このような「人から人への感染症」が多い傾向がうかがえるが、これを都市計画や都市政策的に抑制させることは難しいであろう。それは医療福祉、教育といったアプローチがより適切なのではないかと考えられる。

エボラ出血熱に関しては、まだ不明な点が少なくないが、この章の最初のほうに述べたように、森林伐採や都市化が影響を及ぼしていると考えられる。都市化はともかく、森林伐採を野放図に行うような状況を生じさせないような対策は、エボラ出血熱を抑えるというよりかは生物多様性の維持、低炭素型の社会システムの構築といった、より大きな目標において政策を策定することで、結果、エボラ出血熱などの感染症を抑制する道が見えてくると思われる。

歴史から考察されるコロナウイルス対策の難しさ

興味深いのは、コロナウイルスを含む「空気感染」のグループである。これらのグループも、コレラなどの「水系感染」と同様に、産業革命による都市化によって大きくその被害が深刻化してきた。空気感染症の代表格でもあるインフルエンザが世界的な大流行を起こすには人口の密集と、迅速な交通手段の二つが条件であると指摘されている。[注39] たとえば「空気感染症」の一つであるジフテリアは、前述したように産業革命によって都市化が進展したことで、その恐ろしい牙を人間に剥き出して襲ってきた。一方で「空気感染」は水系感染症のように、その感染経路の状況を大きく都市計画的に改変し、その予防を図ることが難しい。また、動物由来の感染症のように、病原菌を媒介する動物や虫が生息しにくくすることで、都市計画が間接的に予防に寄与することも難しい。しかし、梅毒のような「人から人への感染症」ほどは都市政策もお手上げではない。

コロナウイルスと同じ空気感染症の結核は、その治癒のためにできるだけ清浄で乾燥した空気の場所で療養することが効果的であると考えられた。このようなサナトリウム運動に加えて、日光浴療法も提唱され、屋外で過ごす健康的なライフスタイルを送ることが重視された。また、ヘンペルは「人口過密の緩和策となる、大都市周辺のスラム街撤去計画も感染率の低下に貢献した」と述べている。[注40] これらのライフスタイルを進めることや、スラム街撤去計画は都市政策として遂行することができる。

コロナウイルスに本格的に対処するのであれば、ある一定期間の都市封鎖は効果的であろう。これは空気感染症の肺ペストの対策として、1374年にイタリアのレッジオで行われたのが最初である。[注41] 今回のコロナウイルスでも、多くの国々の都市でロックダウンは強行された。おもに統計的な解析から、その効果を疑問視している報道もあるが、流行初期においてこの措置を採るのが早ければ効果があることは、ロックダウンを隣国より遅く発動したイギリスにおいてコロナの死亡者数が多い、という事実からも明らかであると思う。

日本では厳密な意味でロックダウンは行われなかった。とはいえ、都市封鎖という強制的な指示がなくても、ほとんどの人は、ある程度生活圏の半径を小さくせざるを得なかった。これは、駅や中心市街地を中心とするコンパクトシティではなく、自分の生活拠点を中心とした個人レベルでのコンパクト生活圏で人々が活動するということである。そして、都市は、これらの個人レベルでのコンパクト生活圏が重層化した様相を呈することとなった。そのような状況下で個人の生活の質を上げるためには、公園などの公共施設への徒歩によるアクセシビリティを高めることが必要となる。また、店舗等も商圏が地理的に広がるショッピングモールなどではなく、自動車が普及する以前の商店街のようにアクセシビリティが優れている商業施設が分布していることが求められる。必然的に都市施設や都市機能が分散化されている都市のほうがコロナ禍においては、高い生活の質を享受できることになる。

上記の点は都市構造なので、ある程度パーマネントな対策とはなるが、それ以外の対策に関しては、感染症が流行した時のみ有効にさせることが、経済活動や社会文化活動的には望ましいと考えられる。すなわち、吹雪が吹いたら外に出ずに家でじっとしている、というようなあくまで緊急時における対処法である。私は大学の教員であるが、平常時は対面講義、感染症が流行したらオンライン講義といった二刀流はもう、アフターコロナの常識になるのかなと考えている。感染症の流行時には、通常とは違うモードで対処するというアプローチである。ただし、流行が去ったら元に戻す。

留意しなくてはならないのは、コロナ・ショックによって社会システムのフレームワークまでをも拙速に変えてしまうことである。私の仕事で言えば、コロナが収束してもオンライン講義を続けるようなことだ。そういう点では、ＪＲ東日本がコロナ禍で乗客が大きく減少したことで東京圏を中心に終電を30分ほど早めたことは、コロナという災害をより増幅させて、都市に大きな影響を与える経営的判断であったと思われる。ＪＲ東日本がすべきことは、感染症の流行時に臨時ダイヤをつくることで、とりあえずその危機を凌ぎ、コロナ禍によるダイヤ改正という都市活動のフレームワークを再構築するような一大事を避けることであった。なぜなら、終電の時間は飲み屋街などの需要を創出するうえで決定的な役割を担うからである。需要を創出するビジネスが、需要のテンポラリーな変化に過敏に対応することによって、社会は大きなダメージを被る。たとえば山手線や中央線といった沿線の繁華街の飲み屋街に与えるその影響は、長期的にみればコロナ禍よりはるかに大きなものとなるであろう。

加えて、今回のコロナウイルスの流行が示唆したことは、その予防対策は国策ではなく自治体レベルで実施すべきだということである。感染者数ゼロであった岩手県で、なぜあの時期、小学校を閉鎖しなくてはならなかったのか。身体の特定の部位にできた癌細胞を殺すために、全身に放射能治療をするような愚は強く慎むべきである。全国レベルで展開したＧｏ Ｔｏトラベル政策も同様の問題を抱えている。国策であっても東京都を除外せざるをえなかったというのは、国が実施するような対策でないことの何よりの証拠である。

今後も経済のグローバリゼーション化、地球規模での自然破壊が進む以上、第二、第三のパンデミックが定期的な頻度で生じるであろう。これらのパンデミックに対して、レジリエントな都市の「かたち」を、これから考えることは、都市計画的にもきわめて重要な課題となる。本章で概観した、都市計画史での取り組みがそのようなことを検討するうえで資することができれば幸いである。

22 Greg Wiszniewski, “A History of Cholera in New York City” (https://www.bbcleaningservice.com/history-cholera-new-york-city.html).

23 Greg Wiszniewski, op.cit.

24 Christopher Klein, op.cit.

25 Christopher Klein, op.cit.

26 Christopher Klein, op.cit.

27 John Levy, op.cit., p. 15

28 エベネザー・ハワード著、長素連訳『明日の田園都市』鹿島研究所出版会、1968、p. 55。

29 Mervyn Miller “Letchworth-The First Garden City”, Phillimore & Co Ltd, 1993, p. 1

30 猪瀬直樹『みかどの肖像』小学館、1986。

31 日笠端、前掲書、p. 4

32 サンドラ・ヘンペル、前掲書。

33 石弘之、前掲書、p. 35

34 https://theconversation. com/using-urban-planning-to-reduce-mosquito-borne-disease-8430

35 https://www.bbc.com/news/magazine-35408835

36 https://www.sciencemag.org/news/2019/09/study-dna-spread-genetically-modified-mosquitoes-prompts-backlash

37 https://www.bbc.com/news/magazine-35408835

38 国立感染症研究所「感染症発生動向調査で届出られた梅毒の概要」2017。
https://www.niid.go.jp/niid/images/epi/syphilis/2017q1/syphilis2017q1.pdf

39 立川昭二『病いと人間の文化史』新潮社、1984。

40 サンドラ・ヘンペル、前掲書。

41 村上陽一郎、前掲書、p. 13

ステム、2020（本章全体で参考とした）。

1 感染とは病原体となる微生物（細菌、真菌、ウィルス）が宿主となる生物の体内に入り、定着・増殖することをさす。そして、感染によりなんらかの症状を呈する状態を感染症という。

2 サンドラ・ヘンペル著、関谷冬華訳『ビジュアル・パンデミック・マップ－伝染病の起源・拡大・根絶の歴史』日経ナショナルジオグラフィック社、2020、p. 182。

3 石弘之『感染症の世界史』角川ソフィア文庫、2018、p. 30。

4 サンドラ・ヘンペル、前掲書、p. 72。

5 サンドラ・ヘンペル、前掲書、p. 72。

6 サンドラ・ヘンペル、前掲書、p. 73。

7 村上陽一郎『ペスト大流行』岩波書店、1983、pp. 127-128。

8 日笠端『都市基本計画と地区の都市計画』共立出版、2000、p. 1。

9 https://www.londononline.co.uk/factfile/historical/

10 Stephen Ward “Planning the Twentieth-Century City” Academy Press, 2002, p.23

11 イギリス議会のホームページ（公衆衛生法1848年の解説）。https://www.parliament.uk/about/living-heritage/transformingsociety/towncountry/towns/tyne-and-wear-case-study/about-the-group/public-administration/the-1848-public-health-act/

12 日笠端、前掲書、p. 3

13 https://navigator.health.org.uk/theme/sanitary-act-1866

14 Gordon E. Cherry, “Town Planning in Britain since 1900”, John Wiley & Sons, 1996, p.7

15 ただし、この法律ではロンドンは除外された。

16 サンドラ・ヘンペル、前掲書、p.7

17 サンドラ・ヘンペル、前掲書、p.112

18 Christopher Klein, “How Pandemics Spurred Cities to Make More Green Space for People” (https://www.history.com/news/cholera-pandemic-new-york-city-london-paris-green-space).

19 齋藤健次郎『物語　下水道の歴史』水道産業新聞社、1998。

20 John Levy, “Urban America-Processes and Problems”, Prentice Hall, 1999, p. 14

21 Christopher Klein, op.cit.

・ Gainsforth, S. (2019), *Airbnb città merce. Storie di resistenza alla gentrificazione digitale*, DeriveApprodi.
・ Honey-Roses, J. et al. (2020), *The Impact of COVID-19 on Public Space: A Review of the Emerging Questions*, https://doi.org/10.31219/osf.io/rf7xa
・ OECD (2020a), OECD Economic Outlook, Volume 2020 Issue 1, No. 107, OECD Publishing, Paris.
・ OECD (2020b), Tackling Coronavirus (COVID-19): Contributing to a global effort. City policy responses. OECD Publishing, Paris.
・ Peeters, P., et al. (2018), *Research for TRAN Committee ? Overtourism: impact and possible policy responses*, European Parliament, Policy Department for Structural and Cohesion Policies, Brussels.
・ Semi, G. (2020), "La città dello spazio pubblico è morta?", *Polis*, 2 (2020), pp. 215-224.
・ Sequera, J. & Nofre, J. (2018), "Shaken, not stirred. New debates on touristification and the limits of gentrification", *City*, 22 (5-6), pp. 843-855.
・ Sorkin, M. (1992), *Variations on a Theme Park: The New American City and the End of Public Space*, Macmillian, London.
・ Tozzi, L. (2020), *Dopo il Turismo*, Nottetempo, Milano.
・ Valkenburg G., Cotella G., (2016), Governance of energy transitions: about inclusion and closure in complex sociotechnical problems. *Energy, Sustainability and Society, 6* (1), p. 20.
・ Vilenica, A., et al. (2020), "Covid-19 and housing struggles: the (re) makings of austerity, disaster capitalism, and the no return to normal", *Radical Housing Journal, 2* (1), pp. 9-28.
・ Wirth, L. (1938), "Urbanism as a way of life", *American Journal of Sociology*, 50 (6), 1-24.
・ Zukin, S. (1995), *The Cultures of Cities*, Blackwell, Oxford.
・ Zukin, S. (2010), *Naked city: The death and life of authentic urban places*, Oxford University Press, Oxford.

10章

・ 上地賢等『よくわかる公衆衛生学の基本としくみ（第２版）』秀和シ

10 Pembroke Dock Marine は、ペンブルックシャー郡（英国ウェールズ）と連携し、民間が運営する。今後15年間で1800件以上の雇用機会の創出が期待されている。

11 スタートアップや革新的な中小企業が「ノーマルに戻る」ことを呼びかけ、マドリードは、3つのチャレンジ（挑戦、課題）に対応を求めた。①パンデミック後の経済的現実に対応すること、②人々の間に新しいモデルを構築することが必要になったことを踏まえ、都市を再定義すること、③特別なニーズを抱える人々に対する対応が求められていること、である。

12 https://www.theguardian.com/commentisfree/2020/apr/19/after-the-crisis-a-new-world-wont-emerge-as-if-by-magic-we-will-have-to-fight-for-it?CMP=share_btn_fb&fbclid=IwAR2FxygMw1khPhKHJQ7_C8uybeTOaNHh_lztTATxK6bsKTj-J9uwGvJVQFc

〈参考文献〉

・Aalbers, M. (2016), *The financialization of housing. A political economy approach*, Routledge, New York.

・Bottero M., Caprioli C., CotellaG., Santangelo M. (2019), “Sustainable cities: a reflection of potentialities and limits based on existing eco-districts in Europe”, *Sustainability*, 11 (20), 5794.

・Butler, T. & Watt, P. (2007), *Understanding Social Inequality*, Sage, London

・Clark, T.N. et al. (2002), “Amenities drive urban growth”, *Journal of urban affairs*, 24 (5), pp. 493-515.

・Colomb, C. & Novy, J. (eds.)(2016), *Protest and resistance in the tourist city*, Routledge, New York.

・Cotella G., Vitale Brovarone E. (2020), “Rethinking urbanisation after COVID-19. What role for the EU cohesion policy?”, Town Planning Review, ahead of print, pp. 1-8. ENIT (2020), *Bollettino ENIT N. 8*, https://www.enit.it/wwwenit/images/multimedia/Bollettino_Ufficio_Studi/Bollettino_8/BOLLETTINO-ENIT-N8.pdf

・Filandri, M., & Semi, G. (2020), “Una casa basta. Considerazioni sull’abitare dopo l'emergenza”, *Il Mulino*, 69 (4), pp. 647-654.

・Florida, R. (2002), *The rise of the creative class*, Basic Books, New York.

33 https://www.elnacional.cat/es/barcelona/reforma-via-laietana-barcelona_469986_102.html

34 阿部大輔「スモール・アーバニズム」(前田英寿ら編『アーバンデザイン講座』)彰国社、2018、pp. 245-262。

35 国土交通省「沿道飲食店等の路上利用に伴う道路占用の取扱いについて」。https://www.mlit.go.jp/road/sisaku/senyo/covid/01.pdf

36 OECD, *op. cit.*, 2020

37 OECD, *op. cit.*, 2020

(本章のWeb最終閲覧日は2020年10月11日)

9章

1 https://ccre.org/img/uploads/piecesjointe/filename/200629_Analysis_survey_COVID_local_finances_EN.pdf

2 http://www.oecd.org/coronavirus/policy-responses/the-territorial-impact-of-covid-19-managing-the-crisis-across-levels-of-government-d3e314e1/

3 Interesting analysis and reflections have been elaborated on the matter on different journals and newspapers. Cfr for example and https://time.com/5795651/coronavirus-workers-economy-inequality/

4 https://covidnews.eurocities.eu/tag/homelessness/ last access on October 9th 2020.

5 https://www.reuters.com/news/picture/public-spaces-before-and-after-coronavir-idUSRTS36Z3H

6 https://www.lastampa.it/torino/2020/03/22/news/coronavirus-esercito-nelle-strade-scattano-nuovi-blocchi-1.38623523

7 ILOは、職場が厳しい健康、安全基準に沿っていない国では、感染の反動でリスクが大変高い、と警告している。

8 たとえばイル・ド・フランス(パリを中心とした都市圏)は、企業、ソーシャルパートナー、地方政府、公共交通機関と通勤時間帯の調整をめぐって協定締結の協議をしている。

9 スペインでは、4月第2週までに家庭内暴力に関して助けを求める電話が前年同期比47%増加した。政府が特別に取り組む支援を、E-mailやソーシャルメディアで求める女性の数が700%増えたと言われる。

gov/html/dot/html/pedestrians/openstreets.shtml を出典とする。

19 オープンストリートは、市長のオフィス、NYC 評議会、NYPD、公園、NYC DOT、BIDs と地元のコミュニティ組織の間のコラボレーションにより進められている。

20 https://www1.nyc.gov/html/dot/html/pedestrians/outdoorlearning-streets.shtml?fbclid=IwAR36bY2rMILvXHWzPPb7y5A2DaOqmCueVFDTW6VBSXtnQjKZntAnYn-ogRc#:~:text=Overview,as%20well%20as%20Learning%20Bridges

21 https://www1.nyc.gov/html/dot/html/pedestrians/openrestaurants.shtml

22 なお、一つの街区に BID もしくは三つ以上のレストランで構成される組織があれば、街路での飲食の取り組みを共同申請することができる。街路におけるレストラン・コリドー（食の小道）の形成も念頭に置かれている。

23 https://www.nbcnewyork.com/news/coronavirus/open-streets-and-open-restaurants-to-become-permanent-year-round-initiatives/2636422/

24 ロンドンの記述は、https://tfl.gov.uk/travel-information/improvements-and-projects/streetspace-for-london を出典とする。

25 ブリュッセルの記述は、https://www.bruxelles.be/zone-rencontre を出典とする。

26 ダブリン市「都市が活気を取り戻せるように：ダブリン市一時的モビリティ整備プログラム」。https://www.dublincity.ie/sites/default/files/content/RoadsandTraffic/COVID/Covid%20Mobility%20Programme%2022.5.20%20FA%20WEB.pdf

27 OECD *op. cit.*, 2020

28 Ajuntament de Barcelona, *Plans i projectes de Barcelona 2011 - 2015*, 2015.

29 https://www.citymetric.com/business/paris-pandemic-gave-boost-urban-farms-5222

30 Ibid.

31 Ajuntament de Barcelona, *op. cit.*, 2015

32 https://ajuntament.barcelona.cat/dretssocials/es/noticia/la-nueva-rambla-una-transformacion-al-servicio-de-las-personas_729668

4 大方潤一郎「都市再生の歴史、そしていま」『世界のSSD100　都市持続再生のツボ』彰国社、2008、pp. 482 ～ 498。
5 日笠端、前掲書、1998。
6 阿部大輔『バルセロナ旧市街の再生戦略　公共空間の再生による界隈の回復』学芸出版社、2009。
7 阿部大輔「持続可能な都市環境の形成とソーシャル・サステイナビリティ」『地域空間の包容力と社会的持続性』（阿部大輔、的場信敬［編］）日本経済評論社、2013。
8 前掲書。
9 1990年代の欧州の議論については、岡部明子『サステイナブル・シティ』学芸出版社、2003に詳しい。
10 服部圭郎『ドイツ・縮小時代の都市デザイン』学芸出版社、2016。
11 村山顕人「アーバン・ディスタンス— With COVID-19時代の都市計画の視点」『建築討論』2020。 https://medium.com/kenchikutouron/%E3%82%A2%E3%83%BC%E3%83%90%E3%83%B3-%E3%83%87%E3%82%A3%E3%82%B9%E3%82%BF%E3%83%B3%E3%82%B9-with-covid-19%E6%99%82%E4%BB%A3%E3%81%AE%E9%83%BD%E5%B8%82%E8%A8%88%E7%94%BB%E3%81%AE%E8%A6%96%E7%82%B9-659fe6bcb74d
12 村山（前掲書）。紹介されている「四つの密度」については、Citizens Housing & Planning Council (CHPC), Density & COVID-19 in NYC, 2020 （https://chpcny.org/density-covid-19-nyc/） に詳しい。
13 星野リゾート社長、星野佳路による提言。遠方や海外をイメージすることが多い「旅」を、地元に目を向けて楽しむ「マイクロツーリズム」を推進することで、コロナ期の旅行ニーズに合わせたサービスや、地元を深く知るきっかけづくり、そして感染拡大を防止しながら地域経済を両立する新たな旅の姿を提案している。https://www.hoshinoresorts.com/information/release/2020/05/90190.html
14 https://xtech.nikkei.com/atcl/nxt/column/18/00099/00051/
15 中心となったのは、欧州の環境系専門家による政治生態学ネットワーク（POLLEN）のメンバーであった。
16 https://manifiesto.perspectivasanomalas.org/
17 OECD, *op, cit.*, 2020
18 ニューヨークの記述は、とくに断りのない限り、https://www1.nyc.

up-sex-and-drugs-tourism-in-post-covid-reboot

41 Cecilia Rodriguez, “Amsterdam After Coronavirus: No More Cannabis, Sex And Mass Tourism, Citizens Demand”, *Forbes*, June 21, 2020. https://www.forbes.com/sites/ceciliarodriguez/2020/06/21/amsterdam-after-coronavirus-no-more-drugs-sex-and-mass-tourism-/#75d018d62768

42 https://www.themayor.eu/en/amsterdam-plans-to-reduce-noise-starting-this-year

43 Rachel Hosie, “Travel will become more luxurious after the coronavirus pandemic, hotel and aviation experts predict”, *Insider*, July 2, 2020. https://www.insider.com/travel-will-be-more-luxurious-post-coronavirus-hotel-experts-predict-2020-7

44 真子（前掲書、2020）によれば、ワーケーションとはワークとバケーションを組み合わせた造語で、休暇中に滞在先でリモートワークすることであり、ブレジャーはビジネスとレジャーを組み合わせた造語で、出張のついでに出張先で旅行を楽しむことである。

45 阿部大輔「収容施設が増えすぎた都市はどうなるのか？」『建築討論』2020。https://medium.com/kenchikutouron/%E5%8F%8E%E5%AE%B9%E6%96%BD%E8%A8%AD-%E3%81%8C%E5%A2%97%E3%81%88%E3%81%99%E3%81%8E%E3%81%9F%E9%83%BD%E5%B8%82%E3%81%AF%E3%81%A9%E3%81%86%E3%81%AA%E3%82%8B%E3%81%AE%E3%81%8B-3e339d80fcc2

46 Christopher De Bellaigue, “The end of tourism?”, *The Guardian*, June 18, 2020. https://www.theguardian.com/travel/2020/jun/18/end-of-tourism-coronavirus-pandemic-travel-industry?fbclid=IwAR2hAWbRICqI1JlBwPicULv8gdG2F-rhlUg58C6z0HhJeO2_kMgt7Oe-Syc

（本章の Web 最終閲覧日は 2020 年 10 月 11 日）

8 章

1 https://www.oecd.org/regional/resilient-cities.htm

2 OECD, *Cities Policy Response*, 2020. https://read.oecd-ilibrar.org/view/?ref=126_126769-yen45847kf&title=Coronavirus-COVID-19-Cities-Policy-Responses

3 日笠端『都市計画　第 3 版』共立出版、1998。

見据えて――」『調査と情報』No. 1110、国立国会図書館、2020。

30 United Nations, *op. cit.*, 2020.

31 Ibid.

32 Ajuntament de Barcelona, *Anuario Estadistíca de la Ciutat de Barcelona 2019*, 2019.

33 Jones Lang Lasalle. *Residential City Profile Berlin*, 2015/2016/2017/2018/2019.

34 "Mass tourism can kill a city - Just ask Barcelona's residents", *The Guardian*, September 2, 2014 (https://www.theguardian.com/commentisfree/2014/sep/02/mass-tourism-kill-city-barcelona) や "Tourism is killing Venice, but it's also the only key to survival", *The Local*, July 18, 2017 (https://www.thelocal.it/20170718/mass-tourism-killing-crowded-venice-survival-authentic-travel-local) など。

35 Ajuntament de Barcelona, *Pla Especial Urbanìstic per a l'Ordenaciò dels Establiments d'Allotjament Turìstic, Àlberg de Joventut, Residències Col·lectives d'Allotjament Temporal i Habitatges dÚs Turístic a la Ciutat de Barcelona*, Volume I-III. Barcelona: Ajuntament de Barcelona, 2017.

36 この委員会は、WHO、ICAO、ILO、IMO、WBG、OECD、ACI、CLIA、IATA、WTTCとともに、加盟国と民間セクターの代表者で構成されている(UNWTO, "Restarting Tourism", https://www.unwto.org/restarting-tourism)。

37 https://responsibletourismpartnership.org/travel-and-tourism-after-covid-19/

38 Laura Laker, "Milan announces ambitious scheme to reduce car use after lockdown", *The Guardian*, April 21, 2020. https://www.theguardian.com/world/2020/apr/21/milan-seeks-to-prevent-post-crisis-return-of-traffic-pollution

39 DW, "Coronavirus: A fresh start for Amsterdam tourism?", 2020. https://www.dw.com/en/coronavirus-a-fresh-start-for-amsterdam-tourism/a-53855534

40 Ruben Munsterman, "Amsterdam to Clean Up Sex-and-Drugs Tourism in Post-Virus Reboot", *Bloomberg*, June 9, 2020. https://www.bloomberg.com/news/articles/2020-06-09/amsterdam-to-clean-

10 Ibid. なお、市場アクセスの障壁が依然として高いアフリカでのLCCのシェアは9%となっている。アジアでは、2015年のLCCのシェアは23%を占めている。

11 UNWTO, *op. cit.*, 2019.

12 Ibid.

13 阿部大輔「オーバーツーリズムに悩む国際的観光都市」『観光文化』日本交通公社、2019、pp. 8 ～ 14。

14 Jon Henly, "Overtourism in Europe's historic cities sparks backlash", *The Guardian*, January 25, 2020. https://www. theguardian. com/world/2020/jan/25/overtourism-in-europe-historic-cities-sparks-backlash

15 UNWTO, *COVID-19 Related Travel Restrictions. A Global Review for Tourism*, 2020d. https://webunwto. s3.eu-west-1.amazonaws.com/s3fs-public/2020-05/TravelRestrictions%20-%2029%20May.pdf

16 UNWTO, *op. cit.*, 2020b

17 UNWTO, *op. cit.*, 2020d

18 Ibid.

19 Ibid.

20 Stephen Burgen, Angela Giuffrida, "How coronavirus is reshaping Europe's tourism hotspots", *The Guardian*, July 20, 2020. https://www.theguardian.com/world/2020/jul/20/how-coronavirus-is-reshaping-europes-tourism-hotspots?fbclid=IwAR0Dii1B4QFzAProUvS1S7po6rWlKa1CFZAJYEiniBktc8Ub2qhdzMDS-3A

21 UNWTO, *op. cit.*, 2020b

22 Ibid.

23 Ibid.

24 Ibid.

25 Ibid.

26 Ibid.

27 United Nations, *Policy Brief: COVID-19 and Transforming Tourism*, 2020. https://www.un.org/sites/un2.un.org/files/policy_brief_on_covid_impact_on_women_9_apr_2020_updated.pdf

28 Ibid.

29 真子和也「持続可能な観光をめぐる政策動向――コロナ時代の観光を

a 15-minute city, c40knowledgehub. org, July 2020. A. Balducci, Learning from the COVID-19 emergency to transform cities, Cities Today, June 22, 2020.

15 Architects 2020.

16 How the'15-minute city' could help post-pandemic recovery, July 16, 2020, www. morero-web. net

17 Welcome to the 15-minute city, Financial Times, July 18-19, 2020.

18 From garden streets to bike highways: four ideas for post-covid cities, Attlantic, Sept. 25, 2020

7章

1 UNWTO, "Restrictions on Tourism Travel Starting to Ease but Caution Remains, UNWTO reports", May 31, 2020a. https://www. unwto. org/news/covid-19-restrictions-on-tourism-travel

2 UNWTO, *UNWTO World Tourism Barometer May 2020 Special focus on the Impact of COVID-19*, 2020b. https://webunwto.s3.eu-west-1.amazonaws.com/s3fs-public/2020-05/Barometer_May2020_full.pdf

3 Ibid.

4 Ibid.

5 UNWTO, *International Tourism Highlights*, 2019. https://www. e-unwto.org/doi/pdf/10.18111/9789284421152

6 UNWTO, "Tourism and Covid-19 - Unprecedented Economic Impacts", 2020c. https://www. unwto. org/tourism-and-covid-19-unprecedented-economic-impacts

7 World Travel & Tourism Council, "Economic Impact Reports" 2019. https://wttc. org/Research/Economic-Impact

8 Homi Kharas, The Unprecedented Expansion of the Global Middle Class: An Update, Global Economy & Development Working Paper 100, 2017. https://www.brookings.edu/wp-content/uploads/2017/02/global_20170228_global-middle-class.pdf

9 International Civil Aviation Organization, Low Cost Carriers (LCCs), n.d. https://www.icao.int/sustainability/Pages/Low-Cost-Carriers.aspx

3 海道清信『コンパクトシティー持続可能な社会の都市象を求めて』学芸出版社、2001。

4 A. Peters, Pari's mayor has a dream of 'the 15-minute city', Fast Company, Jan. 29, 2020.

5 c40. org。南北アメリカ、ヨーロッパ、アジア、アフリカ、豪州の都市が参加している。日本からは唯一横浜がメンバーになっている。メンバー都市の人口を合計すると7億人に達し、そのGDPは世界経済の25%を占める。それゆえ、メンバー都市がどのように立ち振る舞うかは、地球環境に大きな影響を及ぼす。

6 C40 mayor's agenda for a green and just recovery, C40 Cities, July 15, 2020。2020年4月29日にミラノ市長のG. サラを座長にGlobal Mayor's COVID-19 Recovery Task Forceが組織され、アフターコロナの時代を睨み、新たな都市政策「コロナ禍以前には戻らない！」を検討し、報告書を取りまとめた。

7 アメリカ西海岸に発祥したと言われ、サンフランシスコやシアトル、ポートランドなどが早かったが、最近は国内どこでも広く見られるようになった。しばしば私用の駐車場だったところがポケットパークやレンタサイクルの置き場、カフェの前に椅子とテーブルが並べられ「Public Parklet　All seating open to the public（だれでも座れます)」というステッカーが貼ってあったりする。

8 Paris has a plan to keep cars out after lockdown, CityLab, April 29, 2020. Fast Company 2020.

9 Parisans so fed up with commuting they'd rather take a pay cut, The Local, March 12, 2018. C. Moreno, 15-minutes-city: for a new chrono-urbanism, www. moreno-web. net.

10 Paris to create 650 km of post-lockdown cycleways, Forbs, April 22, 2020.

11 Every street in Paris to be cycle friendly by 2024, promises mayor, Forbs, Jan. 21, 2020.

12 Welcome to the 15-minute neigbourhood: Intensification key to city's official plan, CBC News, August 22, 2020.

13 Designing 15-minute neighbourhood in a post COVID Otawa, Architects DCA, May 5, 2020.

14 C40 Cities Climate Leadership Group, How to build back with

18 Whole Foods and Trader Joe's downstairs, higher rent upstairs, New York Times, Sept. 24, 2020.
19 日本ではコンビニエンスストアがこの分野で大規模なビジネス展開を計画しており、アゲインストコロナの時期に幾つかのニュースが報道された。セブン - イレブン・ジャパンは、2020 年に東京都内の 100 店舗でこのビジネスに着手し、2021 年以降 1000 店舗に広げる、という。店売りしている商品に限定して専門サイトを通じて受注し、最短 2 時間（将来は 30 分以内）で配達する仕組みを構築する。コンビニのローソンは、Uber Eats を使って店舗からの宅配ビジネスに乗り出している。それに先行してグルメ系のスーパーマーケット、たとえば成城石井、紀ノ国屋なども e コマースに取り組んでいる。
20 Food truck platform brings diverse cuisines directly to outer suburbs, HNGRY, June 26, 2020.
21 UBS: Online food delivery could be a $ 365 billion industry by 2030, here are the winners and losers from that 'mega trend', aol.com. によると、ネットで注文を受け配達する飲食市場が世界的に急成長する。2021 年から Uber Eats はドローンを使って配達を試みる。
22 Atlantic, April 27, 2020.
23 日本経済新聞（2020 年 9 月 29 日）によると、ファミリーレストランのロイヤルホストやサイゼリア、それに吉野家（牛丼）、てんや（天丼）、ワタミ（居酒屋）などが相次いで出前便の利用分野に参入。料理宅配の利用者は、3 月に 350 万人だったが、7 月には 600 万人まで増加した。
24 The supermarket after the pandemic, Atlantic, April 17, 2020.

6 章

1 The great Gotham vroom boom of 2020, August 12, 2020, New York Times.
2 ニューヨークのビジネス街には、ウイークデーには、2018 年実績で 380 万人が通勤していたが、公共交通（地下鉄、バス、フェリーなど）の利用者が 290 万人いたのに対して車による通勤者は 87.5 万人に止まっていた（N. Gelinas, How to save Gotham transit: As New York reopens, subway and buses will be more essential than ever, City Journal, Summer 2020）。

働いているが、近い将来、8500人に膨れ上がる。

Curbed（August 5, 2020）は、アップル、アマゾン、グーグル、ネットフィックス、フェイスブックが相次いでマンハッタンでオフィスを借り上げていることを報じた。GAFAなどは、市況が軟化すれば（世間が「売り」と考えれば）、その時はむしろチャンス（「買い」と考え）と判断し、リースを加速している気配さえある。

12 収容可能の席数の25%までに制限する、換気に努める、入店に際して客の体温チェックをする、6フィート（1.8m）のテーブル間隔を作る、席を立つときはマスクを着用する、営業は零時まで——などの条件を満たすことを指示している（Eater New York, Sept. 9, 2020）。

13 Eater New York（Sept. 25, 2020）によると、夏以来、市内の1万300のレストランやカフェが、ポップアップ的に路上にテーブルを並べて営業していた（店舗内が禁止されていたため）。10月までの臨時措置だったが、市政府はこれを恒久的に認めた。家主は道路の占有について店賃を取ることができないし、飲食店側は、隣接する不動産所有者が了解すれば店先に限らず、その延長路面にもテーブルを並べることができる。冬はプロパンガスや天然ガスヒーターを使える。また、換気に配慮すればテントを張れる。夏以来、85本の道路が週末などにホコ天になり、飲食店がテーブルを並べられるようになっている。

14 日本でも、Go to travelを利用するツーリストが9月の4連休に大挙して京都や金沢を訪れ、観光スポットが「三密」状態になったことを考えると、この期待もあながち絵に描いた餅ではない。

15 The pandemic American retail will change forever, Atlantic, April 27, 2020.

16 As Amazon rises, so does the opposition, New York Times, April 18, 2020.

17 New York Times（Activists build a grass-root's alliance against Amazon, Nov. 26, 2019）は、労働組合や移民組織などが草の根団体Athenaを設立し、アマゾンの労働条件やデジタル監視、それに独占法違反などを問う運動を広げていることを報じていた。Athenaには、著名投資家のG. ソロスが出資した社会基金Open Societyが活動資金の一部を提供しているという。コロナ禍でGAFAが急速に業績を伸ばしている最中に、連邦議会下院はGAFAのトップを召喚し、その独占／寡占について厳しく追及し、企業解体の可能性について議論した。

2 Almost 90 % of NYC's restaurants, bars couldn't pay August's rent in full, survey finds: Restaurants, bars and nightlife venues have been financially devastated by the COVID-19 pandemic, Fox business, Sept. 22, 2020.

3 矢作弘 2020 は、ショッピングセンターの倒産が続いている背景には、郊外の多様化と貧困化が影響している、と分析している。コロナ禍はそれに追い討ちをかけた。

4 Washington Post, Sept 22, 2020. New York Times（Retail chains abandon Manhattan:'It's unsustainable', Sept. 11, 2020）によると、マンハッタンの繁華街の店賃は高い（ロックフェラーセンターの近くにあったギャップの旗艦店の月額店賃は 2 万 6400 ドル、6 番街と 35 丁目通りが交差するヘラルドスクエアにあったヴィクトリアズ・シークレットの大型店の月額家賃は 93 万 7000 ドルだった）。

New York Times（'I love New York'is more than a motto, Sept. 28, 2020）によると、ニューヨークではナショナルチェーン系の店舗数が 2018 年にマイナス（0.3%減）に転じ、2019 年はさらに増えて 3.7%減少だった（高い店賃とオンライン小売りの影響）。アゲインストコロナでは、マイナスがさらに大きくなる。

5 New York Post, August 17, 2020.

6 The agonizing question: Is New York City worth it anymore? New York Times, June 5, 2020.

7 One-third of New York's small businesses may be gone forever, New York Times, August 3, 2020.

8 Is this the end for America's mom-and-pop stores? Financial Times, August 29-30, 2020.

9 COVID didn't destroy New York. Austerity just might: The city and state's power brokers are afraid of the gritty 1970s that they're inadvertently bringing them back, SLATE, Sept. 25, 2020.

10 Home sales surge in Brooklyn, New York Times, Sept 24, 2020.

11 コロナ禍の最中の 8 月に、フェイスブックはマンハッタンの、100 年以上の歴史がある旧中央郵便局ビルの、床 6 万 8000m^2 の借り上げを決めた（AP, August 5, 2020）。すでに 2019 年に大規模都市再開発の進むハドソンヤードで大規模リースを決めており、マンハッタンのオフィス面積は 20 万 m^2 以上になる。現在、4000 人がマンハッタンで

many jobs can be done at home, Becker Institute for Economics at University of Chicago, June 19, 2020.

9 New York Times, May 12、May 15, 2020.

10 Hartford Courant, May 25, 2020.

11 Houston Chronicle, August 10, 2020（Not N. Y. : Reports of an urban exodus from Houston）.

12 Pew Research Center の調べ（July 6, 2020）によると、コロナ禍以降、アメリカ人の5人に1人が「自分が転居したか、転居した人を知っている」と答えていた。

13 日本でも日立製作所、NEC、NTT などが在宅勤務に積極的だった。また、IT 系のスタートアップが集積する「ビットバレー」（渋谷界隈）ではオフィス離れが加速し、テレワーキングに移行するスタートアップが増えた（日本経済新聞 2020 年 8 月 12 日）。

14 CityLab, May 14, 2020.

15 日本経済新聞 2020 年 7 月 8 日。「社長 100 人アンケート」でテレワークで労働生産性が「上がる」という回答は 20% しかなかった（日本経済新聞 2020 年 9 月 28 日）。

16 Economist, June 8, 2020.

17 コロナ禍を機会に「東京一極集中を是正すべきである」「地方分散を推進し地方の活性化につなげるべきである」という議論がある。筆者もそれには賛成で、そうした政策が推進されることに期待はあるが、コロナ禍で「実際になにがおきるか」という話とは別である。

18 野村不動産はサテライト型シェアオフィスを 2027 年までに現在の約 6 倍の 150 拠点に増やし、私鉄沿線の町田駅や相模大野駅などに重点展開する（日本経済新聞 2020 年 7 月 10 日）。

19 CityLab, June 24, 2020.

日本でも、政府は 2021 年度から、テレワークで東京の仕事を続けながら地方に移住した人に最大 100 万円を交付する（日本経済新聞 2020 年 9 月 25 日）

20 日本経済新聞 2020 年 8 月 12 日。

5章

1 Not so fast, urban exodus: Coronavirus could make New York and San Francisco great places to live, Washington Post, Sept. 22, 2020.

28 APTA（American Public Transportation Association）によると、加盟社の60%以上が2008年の大不況の際にサービスを削減（路線の縮小、運行本数の削減など）したが、その後の回復はゆっくりで、現状、全面回復になっていない。記事はこの教訓に学べ、という（As transit systems brace for cuts, the last recession is a warning, CityLab, August 4, 2020）。

29 Go back to commuter train?, CityLab, April 30, 2020.

4章

1 R. Florida, July 2, 2020.

2 A. トフラー（徳山二郎訳）『未来の衝撃』角川書店、1976。同（徳岡孝夫監訳）『第三の波』中央公論社、1982。

3 F. Cairncross, The death of distance: How the communications revolution is changing our lives, Harvard Business School Press, 1997. 矢作弘 2020。

4 今度のコロナ禍の最中にも、①グーグルは本社のあるマウンテンビュー（カリフォルニア）に大規模複合都市開発（Middlefield Park Master Plan）を発表し、12万4000m^{2}の大規模オフィス、1850戸の住宅、それに小売／外食街、大きな公園を整備する一方、②アマゾンはアメリカ各地に大型の6オフィスを新たに確保する、③フェイスブックもマンハッタンに大規模オフィスを相次いで確保した、というニュースが続いている（Forbs, Sept. 11, 2020）。GAFAが、依然、対面コミュニケーションを重視し、オフィスワーキングを強化しようとしていることの証左である。矢作弘 2020。

5 日本経済新聞2020年8月11日。

6 U. S. Bureau of Labor Statistics, Economic News Release, Table 3. Workers who worked at home and how often they worked exclusively at home by selected characteristics, averages for 2017-2018.

7 Federal Reserve Bank of Atlanta, Stanford University and the University of Chicago, Survey of Business Uncertainty（May 11-May 22, 2020）.

8 M. Mills, Working from home has benefits, but the downsides are real, City Journal, Sept. 2, 2020, J. Dingel & B. Neiman, How

York Times, July 21, 2020.
16 New York's darkened future, the subway system has never shut down at night until now, City Journal, May 1, 2020.
ニューヨークタイムズが「公共交通の削減は低所得者に最も打撃を与える。公共交通の利用者の60%はマイノリティ。いわゆるエッセンシャルワーカーと呼ばれる人々280万人が日々の暮らしを公共交通に依存している」と報じていた（August 15, 2020）。
17 T. Litman, Lessons from pandemics: valuing public transportation, CityLab, June 12, 2020.
18 CityLab, April 24, 2020.
19 I have a future without cars, and it's amazing, New York Times, July 9, 2020.
20 矢作弘『ロサンゼルス―多民族社会の実験都市』中公新書、1995。
21 A. Aridila-Gomez, In the fight against covid-19, public transportation should be the hero, not the villain, the World Bank, July 23, 2020.
22 B. Gardiner, Why covid-19 will end up harming the environment, National Geographic, June 18, 2020によると、アメリカでは都市のシャットダウンが広がった2020年4月上旬には、工場が操業を止め、車の交通量が減り、世界の二酸化炭素の排出量は1年前に比べて17%減少した。都市活動が再開された6月中旬の排出量は、前年同期比5%減少になった。しかし、活動は平常時レベルに戻っておらず、「フル活動になれば、コロナ禍以前の排出量になる可能性がある」と予測していた。
23 J. P. モルガン・チェース研究所の調べでは、ヒューストン界隈では、クレジットカードを使った燃料（ガソリン）の購入が、2020年4月には前年同月比62%マイナスだった。
24 New York Times, August 2, 2020. 矢作弘 2020。
25 Europe's cities are making less room for cars after coronavirus、CityLab, April 23, 2020. 矢作弘 2020。
26「シマノ「日産超え」が導く解」日本経済新聞2020年7月30日。
27 アメリカでも4、5月には、オンライン販売、店頭販売の両方で自転車の品薄があった。米中貿易摩擦で中国からの輸入が減っていたところにコロナ禍の需要が追い討ちをかけた。

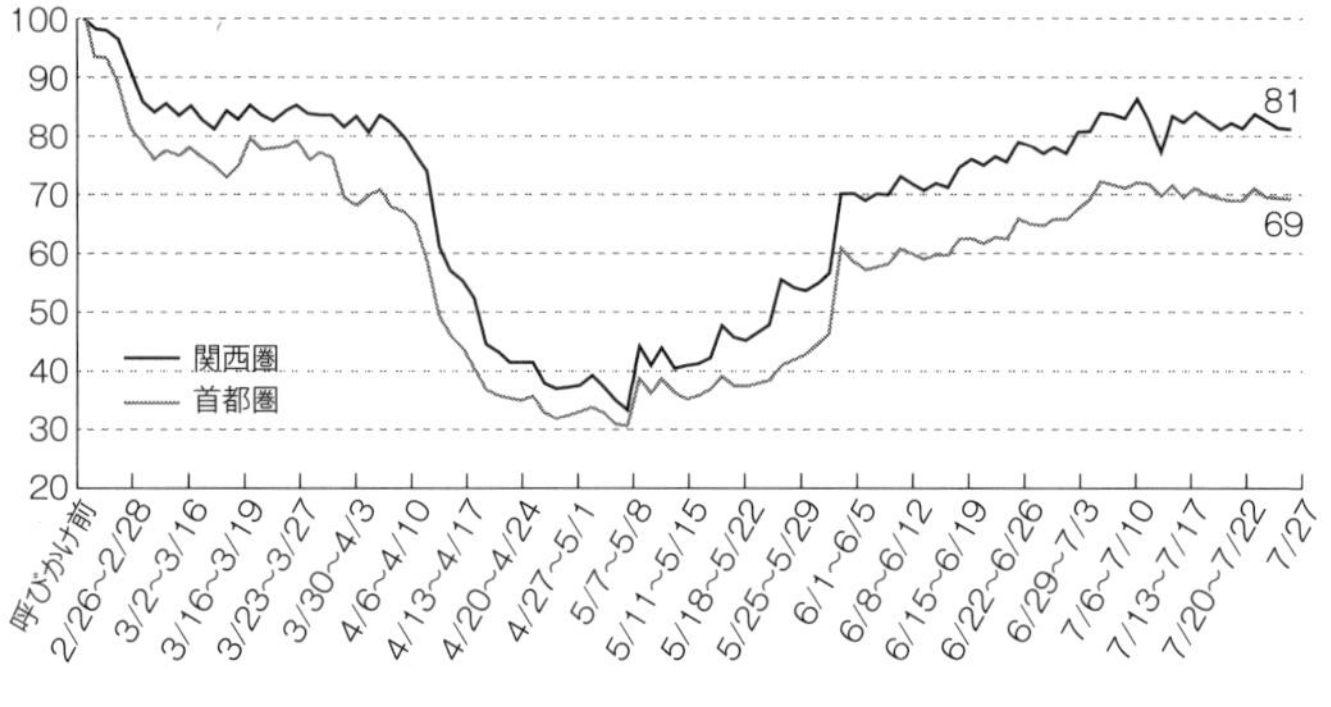

注図２　ラッシュアワー時間帯の駅の利用状況推移　　出典：国土交通省調べ

①４月７日に緊急事態宣言が出て（東京、神奈川、埼玉、千葉、大阪、兵庫、福岡)、４月 16 日 には緊急事態宣言を全国に拡大した。５月 25 日になって政府は緊急事態宣言を解除した。

② JR（JR 東日本、JR 西日本)、大手民鉄（東武、西武、京成、京王、小田急、東急、京急、東京メトロ、相鉄、近鉄、南海、京阪、阪急、阪神）の主なターミナル駅における平日のピーク時間帯の自動改札出場者数の減少率の平均値 。数値は２月 25 日（新型コロナウイルス感染症対策の基本方針を決定）を 100 とした場合の指数 。ラッシュアワー時間帯は、午前 7:30 ～ 9:30 の間の、最も利用者の多い時間帯の１時間。主要駅は首都圏：東京、新宿、渋谷、品川、池袋、高田馬場、大手町、北千住、押上、日暮里、町田、横浜、関西圏：大阪・梅田、京都、神戸三宮、難波、京橋。

New York City, Market Urbanism, April 19, 2020.
Johns Hopkins Bloomberg School of Public Health は、アメリカ国内の都市圏にある 900 郡を調べ、密度と感染と感染死亡の間には直接的な関係は見られず、重要なのは接触性である、という報告をまとめているが、それを受けて Connecting traffic, air quality, and coronavirus spread, Rice Kinder Institute for Urban Research, July 27, 2020 は、都市圏内で動き回って感染を拡散しているのは車である、と主張している。

13 New York Times, August 2, 2020.

14 ラッシュアワー時間帯の駅の利用状況推移（注図 2）

15 N. Y. subway, facing a ＄16 billion deficit, plan for deep cuts, New

(GDP ベース) だったが、VMT (Vehicle Miles Traveled、車の走行距離) はパンデミック前の 90%の水準に戻っていた。経済活動がコロナ禍前のレベルに戻れば、VMT は過去の水準を大きく超過する可能性がある (Report: Vehicle Miles Traveled almost fully returned to pre-pandemic levels, Smart Cities Dive, July 24, 2020)。

2 Economist, June 13, 2020.

3 Density is New York City's big 'Enemy' in the coronavirus fight, New York Times, March 23, 2020.

4 Queens councilman's call to shut down mass transit brushed aside by MTA, union, amNY, April 20, 2020.

5 The New York subway got caught in the coronavirus culture war, CityLab, April 22, 2020.

6 J. E. Harris, Why the subways are a prime suspect: scientific evidence that NYC transit spread the coronavirus, New York Daily News, April 19, 2020.

7 J. E. Harris, The subways seeded the massive coronavirus epidemic in New York City, National Bureau of Economic Research, April 19, 2020 / Social Science Research Network, April 13, 2020.

8 Commuters avoid mass transit, New Yorkers fear gridlock, May 29, 2020. Considerations for travelers-coronavirus in the US, Center for Disease Control and Prevention, 2020.

9 The subway is probably not why New York is a disaster zone, Pedestrian Observations, April 15, 2020. It's easy, but wrong, to blame the subway for the coronavirus pandemic, Motherboard, April 16, 2020. Fear of public transit got ahead of evidence, Atlantic, June 4, 2020. CityLab, April 22, 2020. Stop blaming the subways: the best evidence suggests public transit was not resopnnsible for coronaviruos'spread, New York Daily News, April 22, 2020. Lesson from pandemics: transportation risks and safety strategies, Planetizen, April 23, 2020.

10 Motherboard 2020.

11 Is the subway risky? It may be safer than you think, New York Times, August 2, 2020.

12 S. Furth, Automobiles seeded the massive coronavirus epidemic in

率で上位にランクされたのは、同じ社会経済圏にあるためビジネスを含めて圏域内の交流（接触）が活発なことを反映している。逆に人口密度が上位、あるいは中位以上なのに感染率が低い愛知、静岡、長崎などは、製造業都市（地帯）を抱えており、感染防止のために工場の操業を停止してしまえば、接触率が下がる。そのため感染率が低くなる、ということがおこり得る。お酒の呑み方文化の違いなども影響があるかもしれない。京都は人口密度も感染率も9位である。京都市は大学町である。国際観光都市である。大学が対面授業を再開し、観光が本格化すれば、無症状の学生、観光客が動き回って接触の機会が増える。そうなれば感染率が一気にアップする可能性がある。

わが国――近似した教育レベル、公衆衛生に関する知識の普及、中央集権的な行政ガバナンス――とは違って、アメリカやヨーロッパ、あるいはアジアでも、多人種、それに貧富と教育水準に格差が大きなところでは、感染率は接触率とより強く相関することになる。

12 COVID-19 cases in New York City, a neighborhood-level analysis, Furman Center Blog, New York University, April 10, 2020.

13 T. Litman, Does density aggravate the COVID-19 pandemic? Early findings and lessens for planners, Journal of the American Planning Association, July 1, 2020. 矢作弘 2020。

14 G. Chowell et al., The 1918-1919 influenza pandemic in England and Walse: Spatial patterns in transmissibility and mortality impact, Proceedings of the Royal Society B: Biological Science, April 2008. Mills et al., Transmissibility of 1918 pandemic influenza, Nature, 2004. W. E. Parmet & M. A. Rothstein, The 1918 influenza pandemic: Lessons learned and not, American Journal of Public Health, 2018.

15 San Francisco beat the virus. But it's still breaking my heart, New York Times, May 13, 2020.

16 J. ジェイコブズ（山形浩生訳）『アメリカ大都市の死と生』鹿島出版会、2010。

17 Litman 2020.

3章

1 2020年7月末にアメリカの経済活動は前年同期比30％の落ち込み

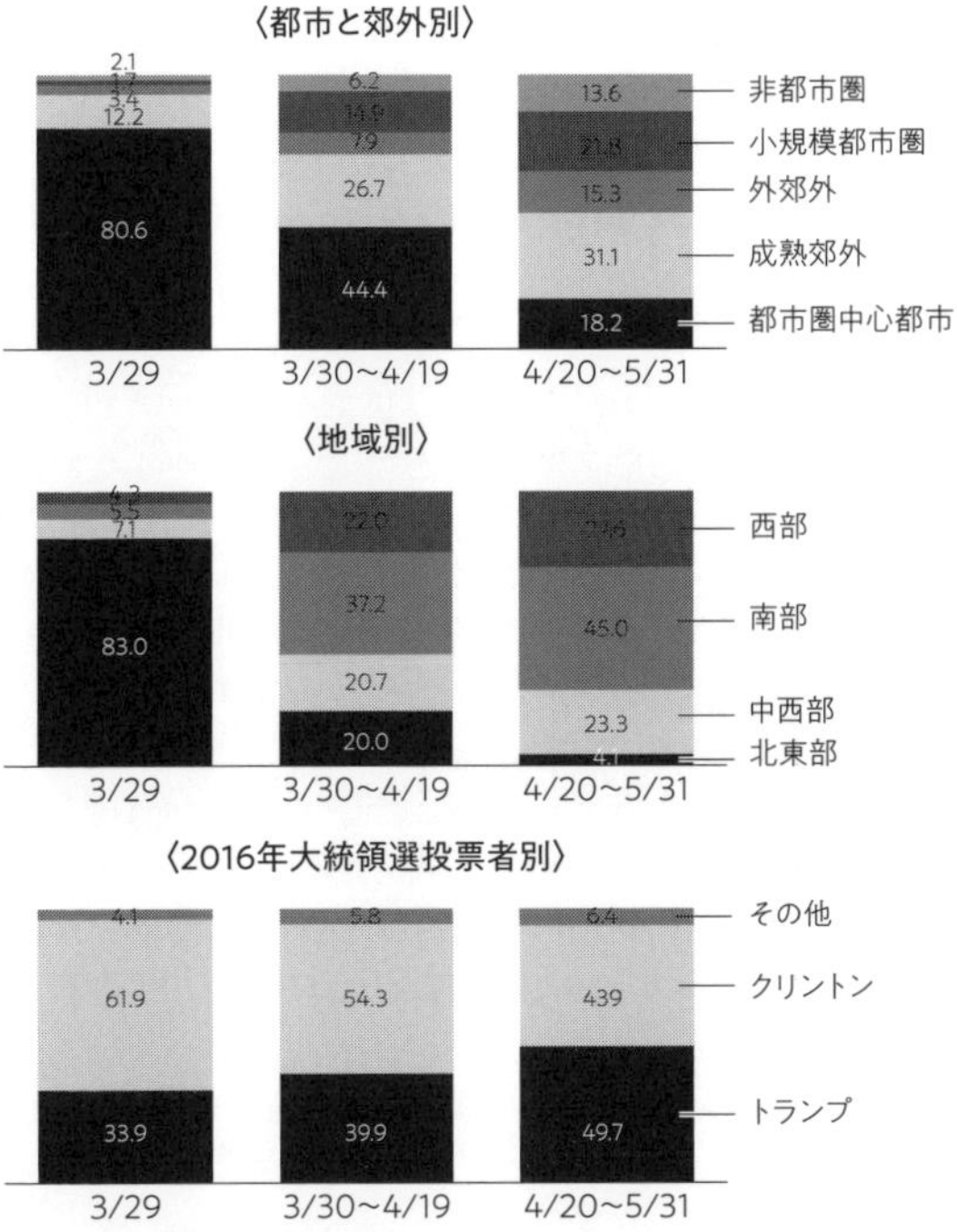

注図１　新型コロナ感染者の属性分布

出典：W. H. Frey, Mapping COVID-19's spewad from blue to red America, Metropolitan Policy Program at Brookings, June 3, 2020.

1）10万人当たりの感染者が100人を超えている郡を対象に、その住民の属性分布を調査（3月29日から5月31日調べ。）
2）3月29日時点では、都市部にある郡の感染者が全体の80.6%、それ以外は郊外、小規模都市圏、非都市圏の郡に属していた。その後、時系列的に都市部感染者の割合が低下し、それ以外が増大し、4月20日〜5月31日には、都市部の感染者は全体の18.2%まで減少していた。
3）地域的には、3月29日には、北東部州の郡の感染者が全体の83%だったが、4月20日〜5月31日には4.1%まで低下し、逆に南部州の郡の感染者が全体の45%を占めるまで増加した。
4）政治的には、3月29日時点では、2016年の大統領選挙でクリントンに投票した郡の感染者が61.9%、トランプに投票した郡の感染者が33.9%。それが4月20日〜5月31日には逆転し、クリントン支持の郡が43.9%、トランプ支持の郡が49.7%になった。

「併存疾病」になった。トランプは大失態の唯一の責任者ではないが、その中心にいたとしている)。

9 新型コロナ感染者の属性分布（注図1、次ページ）

10 L. Saad, American rapidly answering the call to isolate, prepare, Gallup Poll, 2020.

11 日本の識者の間でも、都市の密度と接触率を混ぜこぜにして考えているのではないか、と思わせる論文がある。「パリ、ロンドン、ミラノ、ニューヨークにみられるように、産業集積地は新型コロナ感染が深刻な地域となった。47都道府県を対象に試算すると、人口規模当たりの確認感染者数は人口密度に相関し、人口密度の高さが感染リスクを高めることが分かる。産業集積は、人が交流可能な地理的な範囲内で密度を高めることで生産性を高めてきたが、密集を避けて人との距離を保つことが求められるとき、その利点は欠点に変わる」（日本経済新聞「経済教室」2020年6月3日）。

本文でも指摘したが、第一波（「経済教室」が掲載された時点）では、産業集積地でも感染が深刻だった都市、比較的軽微に過ごすことができた都市があった。逆に非産業集積地でも被災が深刻だった都市もあった。実際のところ都道府県の人口規模当たり感染率と人口密度の間に、どのくらいの相関関係が認められるか、それを調べた。

①人口規模当たり感染率の上位10傑には、首都圏の1都3県、近畿圏の2府、加えて北海道と福岡が入っていた。北海道は、人口密度は47都道府県で最下位だが、札幌があることが感染率の上位入りにつながった。他はいずれも人口密度が高い。

②上位10までに石川（人口密度21位）、富山（23位）が入っていたことは興味深い。さらに感染率11～20位までに、福井（31位）、高知（44位）、鹿児島（36位）、山梨（29位）、和歌山（28位）の、人口密度の薄い5県が並ぶ。

③逆に人口密度の高い愛知（5位）、香川（10位）、静岡（12位）、長崎（17位）、三重（19位）は、感染率はそれぞれ22位、35位、38位、40位、36位と低ランクになっていた。

人口密度が高いことは、感染率を高くする可能性がある。しかし、このばらつきから判断して人口規模当たりの感染率と人口密度の関係以外にも、感染率に影響を与える要因があることを伺い知ることができる。たとえば、接触率である。人口密度が中位の北陸3県が似た感染生し、ほかの都市の開発に大きな影響を及ぼした——などの例を示し、「都市は甦る、その準備を怠ってはならない」と警鐘を鳴らしている。

22 Streets are public space: Streets are political spaces, SLOCAT Partnership, July 14, 2020.

2章

1 J. Kotkin, Op-Ed: Angelenos like their single-family sprawl. The coronavirus prove them right, Los Angeles Times, April 26, 2020. 矢作弘 2020。

2 D. Kahn, California saw dense housing near transit as its future. What now?, Politico, March 27, 2020.

3 K. Kersten, Density in a time of coronavirus, Star Tribune, April 3, 2020. 矢作弘 2020。

4 オレゴン州政府も、一定規模以上の都市では、戸建て住宅専用地区のゾーニングを禁止することになった。ニューヨークタイムズが戸建て住宅専用地区を規制し、高密度な都市づくりをすることを推奨する社説を掲載したことがある。

5 アフリカ系アメリカ人に対する警察官の差別的な残虐行為に異議申し立てをする、市民的不服従運動である。今度の場合、黒人などマイノリティだけではなく、広く白人層——とくに白人若者が多く抗議デモに参加していた。

6 都市圏内にある豊かな都市政府から税を徴収し、それをプールして貧しい都市政府に配分し、都市圏内の均衡ある発展を目指す税制度。

7 Density is New York City's big 'Enemy' in the coronavirus fight, New York Times, March 23, 2020.

8 Atlantic, August 3, 2020 が「なぜ、アメリカは世界の人口の 4% しかいないのに、感染者、感染死亡者が世界の¼もいるのか」と問い、「アメリカの 5 つの失敗」を列記している。①トランプ政権は初動のミスを犯した（通風機や検査機器、防疫の製造指示を急がなかった)、②公衆健康システムの構築をめぐって財源不足である、③人種間で格差が大きく、ウイルスは「greater equalizer（だれでも分け隔てなく感染させる)」と言われるが、実際は不平等に感染を広げている、④ソーシャルメディアなどで嘘の情報が本物のウイルスと伴走して広がっている、⑤大統領が状況を悪化させている（COVID-19 パンデミックの

12 Who is New York for?, Atlantic, August, 27, 2020によると、マンハッタンのイーストサイド（49-70丁目）／5番街〜パークアベニューにあるアパートの⅓は、1年間で平均2ヶ月しか入居者がいない（家賃が高すぎて埋まらない）。

13 知識集約型のジョブオフィスでは、1人当たりのオフィス面積が2001〜2020年の間に25m^{2}から8m^{2}に減った（Why COVID-19 might not change our cities as much as we expect, The Conversation, June 20, 2020）。

14 矢作弘『都市危機のアメリカ—凋落と再生の現場を歩く』岩波書店、2020。

15 New York Times（Real estate prices fall sharply in New York, July 6, 2020）によると、ニューヨークの住宅市場では、第2四半期の取引件数が前年同期比54%減少、中間値は同17.7%のマイナスだった。

16 BIDは、街区の不動産所有者が組織し、所有する不動産に擬似不動産税を課し、それを財源に自衛の警備員や清掃人を雇用して治安の維持、街の美化などを行っている地区の非営利組織。

17 Editorial Board, The cities we need, New York Times, May 11, 2020. 矢作弘 2020。

18 The pandemic will cleave America in two, Atlantic, April 20, 2020. CDC sued to force release racial demographic data on coronavirus, New York Times, July 5, 2020.

19 The rent eats first, even during a pandemic, New York Times, August 29, 2020.

20 R. Florida June 25, 2020.

21 D. Thompson（Get ready for the great urban comeback: Visionary responses to catastrophes have changed city life, Atlantic, Oct. 2020）は「21世紀の都市も都市危機（パンデミック、自然災害）の歴史的な経験の上に成り立っている」と書いている。①19世期にイギリスを襲ったパンデミックは公衆衛生の概念を確立することにつながった、②大火に見舞われたニューヨークは防火のために人工湖を開発し、同時に浄水を確保して人口の急増に対応できた、③19世紀末に豪雪を経験し、ニューヨークは地下鉄網を整備するようになった、④大火に襲われたシカゴはビジネスセンターが全滅したが、その後、若手建築家が競って超高層ビルを建築し、高密度の、耐火性のある街区が再

経営者は、ニューヨークをニューヨークたらしめているのは「ビジネスチャンス」「フード（カフェ、レストラン）「文化（ブロードウェイ、美術館）」だが、どこもかしこも空っぽになり、「ニューヨークは終わりだ！」とマイアミに逃げ出したが（J. Altucher, New York is dead forever, New York Post, August 17, 2020）、これにコメディアンが反駁し、「真の、生き生きとしたインスピレーションを呼びおこす人間のエネルギーは、人々が寄り添って祝福し合う場所にこそ培われる。ニューヨークはそうした都市である」と書いていた（J. Seinfeld, So you think New York is dead (is not), New York Times, August 24, 2020)。The great debate: will the pandemic alert the course of urbanism?. Planetizen, July 20, 2020 は、パンデミック後の都市の将来について語っている文献リスト（賛否両論）を掲載している。

5 These New Yorkers fleeing coronavirus vow they'll never return, New York Post, April 29, 2020. New York Times (New Yorkers are fleeing to the suburbs: 'The demand is insane', August 30, 2020) によると、ニュージャージーの郊外で売り出された住宅（28 万 5000 ドル）に対して 6 月下旬の 3 日間に 97 件の下見訪問があり、24 件の買い注文があった。ニューヨーク郊外のウエストチェスター郡やコネチカットなどでもニョーヨークっ子の住宅需要が急増しているという。New York is losing its young people. Is Connecticut gaining them? CY Mirror, August 31, 2020.

6 Manhattan faces a reckoning if working from home becomes the norm, New York Times, May 13, 2020.

7 I don't think the New York that we left will be back for some years, New York Times, April 20, 2020.

8 The harsh future of American cities, gen. medium. com, May 4, 2020.

9 The new New York will be better, Atlantic, May 20, 2020. R. Florida, This is not the end of cities, CityLab, June 19, 2020, The lasting normal for the post-pandemic city, CityLab June 25, 2020, The Forces that will reshape American cities, CityLab, July 2, 2020.

10 Can city life survive coronavirus?, New York Times, March 17, 2020.

11 W. Fulton, How the COVID-19 pandemic will change our life, Rice Kinder Institute for Urban Research, March 29, 2020.

【注】

1章

1 日本経済新聞（2020年9月12日）は、コロナ危機から学べることは高密度都市の終焉である、という趣旨のことを書いている。人口の集中から知の集積へ「新たな都市像」を転換しなければならない、と指摘していたが、具体像は示していない。そこではITでつながる──オフィスでの対面コミュニケーションをとおしてではなく──「知の集積」を示唆しているが、都市の創造性は、優れた知識を持った人々が高度に集積し、対面で情報交換するところに育まれてきた。

2 OECD policy responses to coronavirus (COVID-19), OECD, June 23, 2020.
「高密度」批判の論者は「密集住宅地は感染拡大の温床になる」と考えているに違いない。しかし、東京の密集住宅地（向島や京島）でコロナ感染症のクラスターが発生した、というニュースを聞かない。ばい菌やウイルスが住宅の壁をすり抜けて隣の家に伝染する、ということはおきない。「密集住宅イコール感染症の温床」という等式は成り立たないのである。京島などは高齢者夫婦や高齢者の1人住まいが多く（最近は若者にも人気がある）、感染防止には相当に気配りし、行動していると思われる。また、助け合いのネットワークも機能している。高密度な住区でも、住民の「行動」がしっかりしていれば感染が爆発する、というようなことはおきない。

感染症は狭い住宅に、しばしば風通しの悪い部屋に多くの人が押し込まれ、しかも住民に公衆衛生の知識・情報がないことが問題なのである。換言すれば、感染症で考えるべき密度は「km^2当たり（地域）」ではなく、「m^2当たり（住宅／部屋）」に何人が暮らしているか、の問題なのである（R. Florida, This is not the end of cities, CityLab, June 19, 2020）。

3 How life in our cities will look after the coronavirus pandemic, Foreign Policies, May 1, 2020.

4 ニューヨークのパンデミックが沈静化した8月下旬に元ヘッジファンドマネジャーでマンハッタンのコメディクラブ（Stand Up NY）の経営者とコメディアン、それにジャーナリスト、都市研究者（R. フロリダ）の間で「明日のニューヨーク」をめぐって論争がおきた。クラブ

〈著者略歴〉
矢作弘（Hiroshi Yahagi）
龍谷大学研究フェロー・都市学、1、2、3、4、5、6章を執筆
9章を翻訳
阿部大輔（Daisuke Abe）
龍谷大学教授・都市計画、7、8章を執筆
服部圭郎（Keiro Hattori）
龍谷大学教授・都市学、10章を執筆
ジアンカルロ・コッテーラ（Giancarlo Cotella）
トリノ工科大学准教授・空間計画、9章を執筆
マグダ・ボルゾーニ（Magda Bolzoni）
トリノ大学博士研究員・都市社会学、9章を執筆

コロナで都市は変わるか
欧米からの報告

2020年12月10日 初版第1刷発行
2021年 6 月20日 初版第2刷発行

著者 矢作弘・阿部大輔・服部圭郎
G. コッテーラ・M. ボルゾーニ

発行者 前田裕資
発行所 株式会社 学芸出版社
〒600-8216 京都市下京区木津屋橋通西洞院東入
電話 075-343-0811
http://www.gakugei-pub.jp/
E-mail info@gakugei-pub.jp
編集担当 前田裕資

装丁 美馬智
DTP 梁川智子（KST Production）
印刷・製本 モリモト印刷

ISBN978-4-7615-1372-6